年輪（1）

1941 年：家族とともに

1931 年

1951 年

1944 年

年輪（2）

1959 年：首里にて

1951 年

80 歳

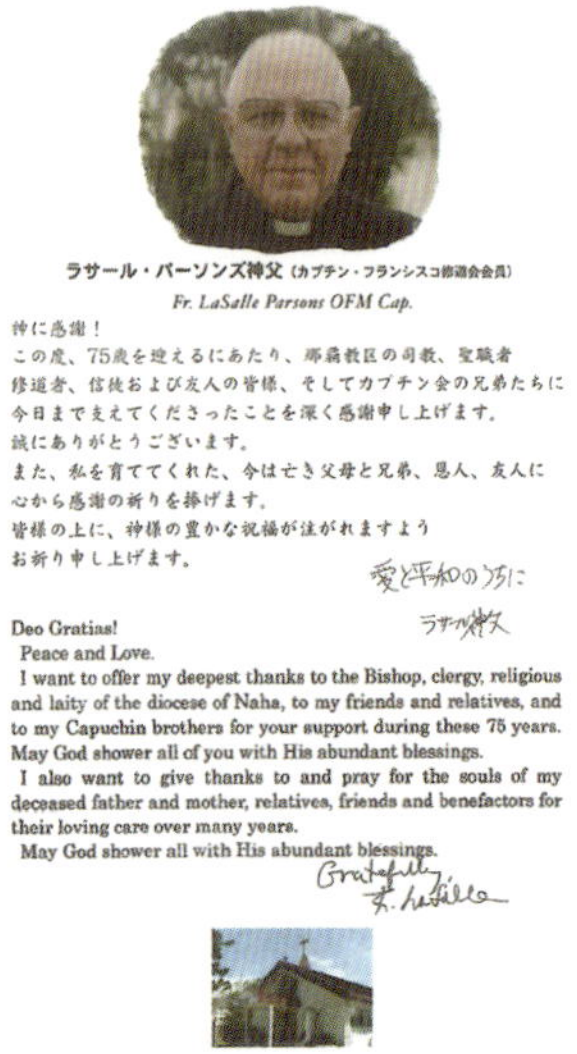

ラサール・パーソンズ神父（カプチン・フランシスコ修道会会員）

Fr. LaSalle Parsons OFM Cap.

神に感謝！
この度、75歳を迎えるにあたり、那覇教区の司教、聖職者
修道者、信徒および友人の皆様、そしてカプチン会の兄弟たちに
今日まで支えてくださったことを深く感謝申し上げます。
誠にありがとうございます。
また、私を育ててくれた、今は亡き父母と兄弟、恩人、友人に
心から感謝の祈りを捧げます。
皆様の上に、神様の豊かな祝福が注がれますよう
お祈り申し上げます。

愛と平和のうちに
ラサール神父

Deo Gratias!
Peace and Love.
I want to offer my deepest thanks to the Bishop, clergy, religious and laity of the diocese of Naha, to my friends and relatives, and to my Capuchin brothers for your support during these 75 years. May God shower all of you with His abundant blessings.
I also want to give thanks to and pray for the souls of my deceased father and mother, relatives, friends and benefactors for their loving care over many years.
May God shower all with His abundant blessings.

Gratefully
Fr. LaSalle

75 歳

年輪（3）

ミサ風景（与那原教会）

いざ、沖縄へ

1958 年 9 月 1 日　沖縄へ出発

ぐすーよー「ラサール」でーびる

～こよなく沖縄を愛する宣教師の物語～

ラサール・パーソンズ 著
石 川 清 司 編 集

● もくじ ●

個人的記録……9
序……10
編集者の序文（石川清司）……12
生い立ちの記……17
カプチン会の琉球列島における宣教活動……29
「初めての日本」との出会い……35
「グスーヨー・チュー・ウガナビラ」……39
コレジオ学生寮……44
琉大カトリック研究会……48
研究会の理想と目標（オーバン神父）……52
カトリック研究会誌「暁」に思う（石川清司）……59

「コレジオ学生寮」賛歌（松本淳）……65

ラサール神父の講演3題
1．君は、人生の主人公か？……71
2．愛を探そう……79
3．命について……84

ラサール神父の活動年譜……90
平和へのメッセージ　90年代の平和を考える……96
那覇教区の平和巡礼……101
心の教育を考える……103
ラサール神父と「沖縄・生と死と老いをみつめる会」（石川清司）……105
「みつめる会」講演2題
1「生きる心」（崎山崇源老師）……123

2.「安楽死」問題を考える（永吉盛元）……144

想い出

1. ラサール神父を語る（永吉盛元）……171
2. ウチナーグチのウランダ坊主（仲宗根和則）……174
3. 平和の種まき人として58年～ラサール神父の人柄と業績～（松本淳）……178
4. あの遠き日々に思いを寄せて（伊志嶺節子）……184
5. 信仰教育～結婚式を通して～（名富雪乃）……188
6. エピソード6題（島袋永三・仲里幸子・山口加代子・濱元朝雄・石川清司）……192
編集後記（石川清司）……200
むすびに……204

個人的記録 INDIVIDUAL RECORDS

NAME
名前: **PARSONS, LaSalle (Allan)**

JAPANESE
日本語: パーソンズ・ラサール　(アラン)

BIRTH DATE
生年月日: **1930年11月17日**

PLACE BORN
出生地: **Yonkers, New York**

PASSPORT ADDRESS
旅券#&住所: **7104355559** (期限14・5・20)　**30 Gedney Park Dr., White Plains, N.Y.**

LOCAL REGISTRATION
住民登録#: **B189779843** (期限14・9・5)

DRIVER LICENSE
免許証#:　SS#: **100-22-6907**

FAMILY 親族	LIVING 生 ☑	DECEASED 死	NOTIFY PHONE 連絡 電話
FATHER 父親: **John Parsons**	☐ ☐	☑	☐
MOTHER MAIDEN 母親(旧姓): **Margaret Carroll**	☐	☑	☐
POSITION 順位#			
BROTHER SISTER 兄弟#1 姉妹: **Anscar (OFM Cap.)**	☐	☑	☐
BROTHER SISTER 兄弟#2 姉妹: **Mary**	☐	☑	☐
BROTHER SISTER 兄弟#3 姉妹: **Thomas**	☐	☑	☐
BROTHER SISTER 兄弟#4 姉妹: **Margaret**	☐	☑	☐
BROTHER SISTER 兄弟#5 姉妹: **Myles (OFM Cap.)**	☐	☑	☐
BROTHER SISTER 兄弟#6 姉妹: **Helen**	☑	☐	☐
BROTHER SISTER 兄弟#7 姉妹: **Rose Marie Quilty**	☑	☐	☐
BROTHER SISTER 兄弟#8 姉妹: Francis	☐	☑	☐
BROTHER SISTER 兄弟#9 姉妹: **Willfrid**	☐	☑	☐
BROTHER SISTER 兄弟#10 姉妹: LaSalle (Allan)			☐

[Under no circumstances should two elder sisters be contacted by phone. Please call my neice or nephew. My sister Helen belongs to Sacred Heart Parish, Yonkers, and should have a local friar 'personally' go to her home in case of an emergency concerning myself.]

Colleen Rogers [neice] 914-786-2522 / Edward Quilty Jr. [nephew] (cell phone) 609-731-0478 ☑

INVESTED
着衣式: **1950年 09月 16日**

1ST PROFESSION
初誓願: **1951年 09月 17日**

FINAL PROFESSION
終生誓願: **1954年 09月 17日**

PRIEST ORDINATION
司祭叙階式: **1957年 06月 22日**

序

自分史を書いてみようと思い立って、数多くの写真や昔の日記などを部屋のあちらこちらから出してきました。しかし、ふと自分自身への疑問が湧きおこりました。

「何のために、書くのか?」

自分史を書くなんて、少々おこがましいのではないだろうか……。

私は、自分史を綴ることで何を得ようとしているのだろうか……。

思い立ってから数年が過ぎ去ってしまいました。否応なしに、老いを自覚せざるを得ません。85歳、沖縄のトーカチ(米寿)の年齢です。

まず、私は自分自身のためにこれを書きたいと思っています。私の身の回りで起こったこと、私の小さな頃からの想い出などを振り返ることで、今の私を作ったもの、それが何であるかを探したいのです。また、自分自身の内面の、良きも悪しきも見つめなおす良い機会だと思っています。そして、この85年を深く味わい、何のために生きてきたのかを確認したいと思います。

また、本を書くことが、誰かに対して何かを伝えることにもなるとしたら、私が今、これを読んで下さっている方々に伝えたいことは、「今まで生きてきて良かった」ということです。そして、もう一つ、心から思うことは、「沖縄へ来て良かった」ということです。

沖縄へ来て半世紀。これまでの出来事や、出会った方々から受けた感銘など、それらを文章にし、想い出の写真で綴ることは共に喜びを分かち合うことになります。そして、一人ひとりに「あなたに出会えて良かった」と伝えることができたならば幸いに思います。

２０１６年６月　ラサール・パーソンズ

編集者の序文

「ぐす~よ~」の挨拶でおなじみの「ラサール・パーソンズ神父」が、沖縄の地に足を踏み入れたのは、1958年（昭和33年）9月16日、午前2時のことであった。鉄の暴風に見舞われ、焼土と化した南の島に降り立った27歳の青年宣教師が目の当たりにした当時の沖縄とは、どのようなものであったであろうか。

そして、激動の50数年が矢のごとく過ぎ去った。激戦地沖縄は、その悲惨な爆撃の爪痕を残しつつも、本土復帰が実現した。交通、通信網の発達と高度経済成長の嵐が吹き荒れ、古来琉球の文化も本土並みに均一化の波にさらされていった。

外人宣教師は、目撃した沖縄の風土、文化、政治、経済の変遷をどのようにとらえたのであろうか。

神父は、沖縄の素朴な祖先崇拝を貴重な「宗教心」の表現としてとらえているような気がする。結婚式の司式はもとより、告別式は当然のこととして、七七忌、三年忌、十年忌、地鎮祭等々の多くの沖縄の習慣に自らの信仰の魂を織り込んで引き受けてくださる。ごくごく自然に、信仰の、宗教の沖縄への土着化を図ってきたと表現してもいいのかもしれない。

もしかすると、「図った」という用語は適切ではないかも知れない。資料を整理するにつれて、青年宣教師ラサール神父は、沖縄の風土の中に旧約の、そして新約の信仰の「礎」を見出したのではないかと思われる。「図った」のではなく、ごくごく自然に、琉球の風に溶け込んでいったような気がしてならない。

そして、自らの生きる意味を問い続ける道中においても、一貫して社会との関わりを堅持してきた足跡がある。真理と正義と平和を希求し、「正義と平和委員会」を組織し歩き続けた。「人権擁護運動」にも参画し、沖縄人権協会の理事を務め、精力的に市民運動を牽引してこられた。アムネスティ・インターナショナルの沖縄代表の任にもある。

かつて首里の崎山町に「コレジオ寮」なる学生寮が存在した。琉球大学が首里の地にあった頃のことである。指導司祭として、多くの学生と寝食を共にし、沖縄の多くの若者に刺激を与え、夢を見させた。琉球大学カトリック研究会の機関誌「暁」は、宗教とは、宗教心とは何か、そして平和を追求する過程においての政治・経済とその仕組みに関しての飽くなき追求の姿勢を物語っている。

琉球大学の非常勤講師として、英会話の講師を約10年間にわたり務められた。沖縄の若者に接することにより、若者の心理を把握するとともに、宗教心を育むことは神父の望むところであった。

神父が代表を務める「沖縄・生と死と老いをみつめる会」の前身は、1994年に結成されたラザロ会にあった。ラザロ会は、沖縄での「死への準備教育」や「終末期医療」の問題について考える市民グループであり、講演会、講話、語り合いの会等を主催し、「生と死」について　考える機会を提供してきた。

そして多くの方々の要望に応える形で、1996年5月25日に名称を変更して、「沖縄・生と死と老いをみつめる会」が結成された。約20年の歴史を有し、今なお毎月の定例会が行われている。まさしく、「生と死と老い」の問題は国境を越えた永遠のテーマである。神父は、常にこの会の先導役を果たしてこられた。85歳の今日、50数年前の青年宣教師のまなざしは、いまだに衰えることなく輝いている。

神父の足跡をたどることにより、地元の人間には見えない何か、土着の人間は気づかない沖縄の文化を、外人宣教師の視点から照らしてみたい。いや、それは沖縄県人よりも、なおウチナーンチュ（沖縄県人）である神父の視点でもある。

殺伐とした世相である。「目には目を、歯には歯を」の世界がある。戦後の貧困の時代から本土復帰は叶ったものの、いまだに占領下の状況にある沖縄。めざましい経済発展はみられたものの、果たして精神的にも豊かな社会の実現に向けての歩みであったのであろうか。

神父の足跡を、そして思いを辿ってみたい。

なお、本来なら「ラサール神父の自分史」にする予定で臨んだが、データの整理等から、ご高齢の神父様にはかなりの負担を強いることになるため、私が代行し一部執筆・編集することになった。可能な限り、ご本人のデータを忠実に描写するよう試みたが、おなじみの「ラサール節」が、私の口調と入り乱れた文章になってしまったことをお詫びいたします。

なお、神父の自分史作成については、約10年前にも試みられていた。写真集の形での編集であったため、極力、論文や講演の内容を掲載し、より多くの方々に読んでもらえるよう試みた。文章の整理の過程で編集者の私見・推測が多々加わったこともお許しを願いたい。

琉心会　介護老人保健施設「あけみおの里」施設長　石川 清司

生い立ちの記

ラサール神父が語ってくださった想い出の記録

私は、1930年（昭和5年）11月17日、ニューヨーク州ヨンカーズ市で10人兄弟の10番目、末っ子として生まれ育った。男性6人、女性4人の10人の兄弟姉妹で、4男は1歳4か月で亡くなった。長男と私は19歳の年齢差がある。長男と3男と私が司祭になった。次男は事務機の店を個人で経営し、5男は会社勤務でコンピューター関係の仕事をしていた。長女は看護師であったが結核を患った。次女は長い間国連で務めて、国連職員の世話をする事務所の責任者であった。その後、アメリカのスイスランドの友の会などの受付をしていた。もう一人の姉は、広告会社勤務で、この二人の姉は結婚していない。他の二人の姉は主婦で、パートタイムで不動産会社の仕事をしていた。（2016年の現在、3女が97歳、4女が92歳で健在である）。

ヨンカーズ市はニューヨーク市からは車で約20分ほどの距離にあり、ほとんどの住人はニューヨークで働いているベッドタウンであった。

父親のルーツをたどると、1850年頃、お爺さんの時代にイギリスからアイルランドへ、そしてアイルランドからアメリカへ渡ったものと思われる。「パーソンズ」という名前はイギリス系を意味し、母親はアイルランドに属することが名前からも分かる。このような名前による区別は、今なお色濃く残っている。お爺さんは、学校の教師であった。

父方の祖先はダブリンに住んでいたが、詳細については明らかでない。母方は農村に住み、小麦畑や羊の牧場などのある土地柄ではあったが、大きな土地は無く、自分たちの暮らしの糧のために農業を営んでいたらしい。そのわけは、イギリス系の人たちは大きな土地をもっており、アイルランド系の人たちにはそれがなかった。屋敷を持っているかいないかで、イギリス系かアイルランド系かの区別ができた。

当時、アイルランドに大飢饉が発生し、祖父は職を失い、アメリカに渡ることになったものと推測される。おりしもアメリカは南北戦争の頃であり、兵隊として従軍した。２、３年後にはニューヨークにおいて教師の職を得て、そして父が生まれた。

母親のお父さんは、やはりアイルランドの地では仕事がなく、１８７０年頃、青年時代に兄弟そろってアメリカに渡ったものと思われる。母親は、１８９０年の生まれであるので、そのような推測ができる。

父方はプロテスタントで、母方はカトリック教徒であった。日本においては宗教、宗派によってあからさまなトラブルはみられないが、当時のアメリカにおいては深刻

1941 年：家族とともに

な問題であった。宗派の異なる者同士の結婚はあり得ないことであった。祖父は結婚した際にカトリックに改宗した。祖母は意志の強い女性であったらしい。祖父がカトリックに変わらなければ結婚はあり得なかったものと思われる。

生まれ育ったニューヨークの実家は、今でも残っている。持ち家ではなかった。街は、教会を中心に家が建てられていて、多くのブロック単位での集落があり、ほとんどは貸家であった。実家は北の方角に位置していた。3階建てのアパートのような建物で、その2階に住んでいた。多分に、一階には大家さんが住んでいたのであろう。

思い出してみると、10歳まで過ごした実家は、3階建ての2階にあったものの、広々とした間取りであった。サンルームがあり、兄を含めた三人の男の子の寝室にもなっていた。大きな居間があり、その隣に大きな食堂があり、奥には二つの寝室があり、その間にトイレや風呂があった。それに大きな台所もあった。台所の隣には、きれいなベランダがあって、高台にあったため、遠くの方角にニューヨークのエンパイアビルが見えた。空が澄んだ日には15マイルほど先までも見渡せた。台所と居間がすごく広く、住みやすい快適な家であった。教会にも近く、帰省のたびに立ち寄っては昔を偲んでいる。

子供の頃の食事は、朝食はきまってコーンフレークにミルクを入れての食事であった。子供たちのためにチョコレート味になっており、ブレックファーストシリアルとも言っていた。オートミールは冬の寒い時期の食べ物であった。

父親が6時30分に食卓につき、その後に姉たち、男の子は最後に食事をとるのが常であった。手っ取り早く、シリアルとパンとジャムとか、沖縄で食べているような食

1949年6月：ご両親

1944 年 6 月：小学校卒業式

パンにピーナツバターという組み合わせがよくあった。丸いパンは高価であり、日曜日に食べることになっていた。

昼ご飯は、サンドイッチやホットドッグ、ハンバーガーが主であった。アイルランド系の人たちは、飢饉を経験したこともあってか、外食はほとんどしない。ジャガイモや肉のメニューで種類はわずかで、毎日が同じような食べ物であった。缶詰を開けて、ツナと野菜、トマトとランチョンミートを挟んでのサンドイッチであった。

夜は肉とジャガイモが中心で、色々な野菜の煮込みがあり、油を用いずに水での煮込みであった。肉はステーキのような肉ではない。本物のステーキを食べたのは、27歳、司祭になってからのことであり記憶に残っている。

ラムという羊の足を焼いて、日曜日にローストにして切って、ジャガイモや野菜といっしょに食べた。次の日も同じような食事で、その羊の足は木曜日まで使う。だんだんと切りにくくなるので、母はそれをスチルにした。金曜日は肉を食べてはいけないことになっていた。土曜日は学校は休みで、掃除や洗濯やらで、日曜日のための準備であった。

小さいころの遊びは、秋になるとフットボール、冬は雪が降り、ソリなどでの雪遊びで過ごすことが多かった。子供のころから冒険者であったので、随分と高い丘からすべっていた。春になると野球を楽しんだ。一回り大きなソフトボールを使っての野球であった。公園でなくても広場は多くあり、試合ができるほどの広場が多くあった。そういうことで、小さいころは野球の選手になろうかなと思ったこともあった。

小学生のころ、家でよく司祭の真似をしてミサごっこをした。教会へ行くのも好きだったので、司祭になろうかと考えたこともあった。

父親をはじめに、家の中では政治の話題がしばしばあり、政治家になろうかと考えたこともあった。また、学校の先生になって、その後に政治家を目指そうかと考えたこともあった。

当時、初等教育は8年間、高等学校が4年間の制度であった。高校生になると、やっぱり先生になって、それから政治家になろうと考えていたが、心の片隅には宣教師になって、外国へ行って福音宣教をするという夢も抱いていた。

周りでは、兄（長男と3男）がカプチン会に入っていたり、学校が教会関係の学校であったこともあり、朝から晩まで教会の話題でもちきりであった。毎週、日曜日の晩には教会でダンスパーティーがあった。ある意味で、若者が街へ出て、道を誤らないようにとの配慮があったものと思われる。

教会のホールでの社交ダンスに出るようになり、ガールフレンドができたり、友達と会う楽しみから、楽しい毎週の日曜日でした。しかし、自分は将来、政治家になるか、宣教師になるかで迷いに迷っていたが、母親には話すことは少なかった。神学校のメリー会からの手紙があると、それを見つけて「関心があるの」と母親は驚いて尋ねてきたことがあった。高校4年生の6月終了時に、メリー会の神学校へ行きたいとのことを母親に告げた。母親は、「いいよ」と同意してくれた。

父親はニューヨークの港で税関として勤務し、国家公務員の身分であった。その父親が、私が小学校7年生のとき（1942年8月23日）、急に亡くなった。貧乏ではなかったものの、いつもお金の工面には苦労していた。姉が結核を患っていたので、貯金をするゆとりはなかったのだと思う。母親は、いつもツケで買い物をしていたのが記憶に残っている。

父親が亡くなると、収入が途絶えた。姉と兄の一人は就職していたので困ることはなかったが、母親も事務の仕事を始めた。母親は、結婚する前にも事務職についてい

1944年6月：小学校卒業式　お母さんと

たので、タイプも上手でした。その当時にしては珍しいことでしたが、母親の姉たちは大学を出て、学校の先生になっていた。母親も高等学校を出ており、現在の大学のレベルだと思われる。女の子に教育の機会を与えるということは、めずらしいことだったのです。

母親が働いていたため、自分たちの小遣いは自分たちで稼ぐということにしていた。花を配達するアルバイトをしたり、新聞配達もした。思い出してみると、当時の新聞は朝刊は無くて夕刊だけであった。２３０件も配達する先輩の手伝いをしていたが、後で先輩がその配達のアルバイトを譲ってくれた。３年ほど続けて、その後に止めた。そういうことで、母親から小遣いをもらうことは全くなかった。高校時代は、スポーツが得意でバスケットボールの選手であり、陸上競技では２００ｍと４００ｍの選手であった。

教会関連の学校であったため、学費は安く、自分のアルバイトで学費の支払いもしていた。メリー会の神学校に入学してからは、ある程度学費を免除してくれたので、夏休みの公園管理のアルバイトで１年分の学費の支払いをしたのを記憶している。１９４８年に政治家になることを断念し、外国へ行くことにしたのがメリー会へ入学した動機でした。

１９５０年、メリー会からカプチン会へ移り、カプチン会の神学校において哲学科2年目からの再スタートとなった。大学４年間、大神学校４年を過ごすことになるが、卒業の1年前、大神学校４年生の１９５６年7月に叙階、司祭になった。

学校を卒業すると、どこへ行くのかの選択を求められる。ニューヨーク近郊でもいいし、海外ならばサイパン、マリアナ、沖縄なら行ってもいいとのことであった。そ

1957 年：お母さんと

こへ、ローマにあるカプチン会本部から派遣依頼があり、沖縄へ行く決心をした。沖縄に関する知識は全く持ち合わせていなかった。

派遣が決まると、コロンビア大学で日本語の集中講義を受けた。ただ、そのやり方は非常にまずくて、たいして役には立たなかった。沖縄に来たときは、ほんのちょっと話せる程度であった。

終生誓願式（1954 年）

カプチン会の琉球列島における宣教活動

カプチン・フランシスコ修道会について簡単に紹介する。16世紀はヨーロッパにおいて宗教改革の嵐が吹き荒れた世紀であった。カトリック教会の刷新運動も盛んに行われた。１５２５年、フランシスコ会に所属していたイタリア人司祭のマテオ・ダ・バッシ（マテオ・バスキ）がアッシジの聖フランチェスコを模範とし、原点に立ち返った厳格な清貧主義の徹底を主張し、フランシスコ会から分派した。１５２８年、ローマ教皇クレメンス7世の認可を受けて正式に成立した。

「カプチン会」の名称は、修道服の頭巾（カプチョ：イタリア語）に由来する。その印象的な頭巾から人々が呼んだものが正式名称になったとされている。

１５３６年、教皇パウルス３世はカプチン会の活動をイタリア国内に限定していたが、１５７４年、教皇グレゴリウス13世はパウルス３世の禁止令を解除し、活動は世界各地に拡大した。当初はコンベンツァル小さき兄弟会の庇護のもとにあったが、１６１９年に独立の修道会として認可された。

日本においては、１９４７年に宣教が開始された。

沖縄は、第二次世界大戦後の１９４７年９月５日、フェリックス・アルビン・レイ神父がオーバン・レイモンド・バルトルド神父と共に来島し、琉球列島における宣教活動が開始された。

アメリカのカプチン・フランシスコ修道会のニューヨーク管区管轄の琉球使徒座代理区となり、１９４９年１月１日、レイ神父が琉球教区長に任命され、１９６８年６月９日に司教に叙階された。１９４９年から１９７２年までフェリックス・レイ神父が教区長を務めたことになる。

カプチン会は、会の方針としてその足跡の記録を残さない。詳細な記録がないため、多くの活動と地域への貢献が忘れ去られる結果になってしまっている。会の謙虚な精

カプチン会来島五十周年記念誌

神を表現するものではあるが、歴史の反省と教訓は次の時代につなげる役割があり、大切にしたい。以前に、多くの反対を押し切って、ラサール神父は「カプチン会来島五十周年記念誌・想い出」を編集した。

　その記録の中からレイ司教とオーバン神父のプロフィールを紹介し記録に残しておく。

「フェリックス・アルビン・レイ司教」プロフィール

１９０９年　３月５日　米国、ウイスカンシン州、ヒーウェスト市にて出生
１９２９年　７月22日　カプチン会入会
１９３６年　６月14日　司祭叙階
１９４７年　９月５日　オーバン神父と共に来島。琉球列島における宣教開始
１９４９年　１月１日　琉球教区長に任命
１９６８年　６月９日　司教に叙階

オーバン神父・レイ司教（1947年9月）

主な足跡：①第2次大戦後の奄美大島においてのカトリック教会の復興、琉球列島においてはカトリック教会の設立に励み、将来を展望し、土地と施設を確保した。

②生活保護を必要とする多くの人たちのために、開南教会内に「洗濯部」や「洋裁部」を設け、経済救済に貢献した。③安里に聖母診療所を設置し、医療援助に尽力。

④琉球政府と協力して、児童生徒のための学校給食の実施に貢献。⑤「聖母の汚れなき御心フランシスコ姉妹会」の設立を挙げることができる。

1972年　1月24日　那覇市の開南

教会にて帰天（享年63歳）。

「オーバン・レイモンド・バルトルド神父」のプロフィール

１９１５年　８月24日　米国、ニューヨーク州ニューヨーク市ブルクリンで出生
１９３３年　７月22日　カプチン会入会
１９４０年　６月23日　司祭叙階
１９４７年　９月５日　レイ司教と共に来島。琉球列島における宣教活動開始。
主な足跡：①第２次大戦後の奄美大島カトリック教会の復興に貢献。②石垣カトリック教会の創立。③琉大カトリック研究会、沖縄カトリック看護婦会、沖縄カトリック青年連盟の設立に尽力。
１９８５年　11月４日　病気のため帰国
１９８８年　８月28日　ニューヨーク州、ヨンカーズ市にて帰天（享年73歳）
なお、オーバン・レイモンド神父は、１９５６年～１９５８年の間、第３代カトリック首里教会の主任司祭を務められた。

カプチン会勢ぞろい（1965 年）

ラサール神父の沖縄上陸は、１９５８年9月16日の午前2時であった。首里の地で日本語の勉強と宣教を開始された。

「初めての日本」との出会い

ここに1枚の古い名刺があります。70数年前に頂いたものです。当時、私はまだ9歳でした。この名刺の方は、私が初めて出会った日本人でした。

税関に勤めていた父が、ある日、「今から息子たちを連れて、急いで港へ来るように」と母に電話をしてきたのです。私と兄は学校を休んで、港へ連れて行かれました。そこで、初めて日本の船と出会いました。

おそらく、その日初めて、私たちの街に日本の船が入ったのだと思います。このような機会は滅多にないことなので、父は私たちにこの日本からの大きなお客様に是非会わせたいと思ったのでしょう。

私たちは、その船の船長室に案内されました。その部屋には木目調の立派なパネル

初めて見た日本の船（同一設計の船）

などがありました。それは、少年の私の目にも、たいそう高価なものだろうと映りました。私は、ひと目見ただけでこう思いました。「気に入った」……と。その部屋で、私は初めて日本人に出会いました。その方は船長さんでした。とても優しそうで、穏やかで、親切だったということが記憶に残っています。

その後、時代は戦争の波へと呑み込まれ、新聞や雑誌などで日本人を題材にした風刺画なども目にしましたが、私の日本人のイメージは変わることはありませんでした。

船長さんは、私に不思議な飲み物をくれました。その飲み物は、甘くて、何とも言えない味のする、それまで飲んだことのないものでした。その味は、初めての日本人のイメージとともに、忘れることはできませんでした。

それから20年後、私はカトリック教会の司祭として、日本で働くことになりました。日本に来たら、また、あの飲み物に会えると思い、立ち寄る先々でその飲み物を探してみましたが、当時の沖縄は米軍の統治下にあったがためか、ミッション・コーラやバヤリースといった飲み物しか見当たらず、なかなか、あの飲み物を見つけることはできませんでした。

1980年代に入ったある日、私はシスター方の黙想指導のため、神奈川県の箱根に行きました。その日、きれいな湖のそばの休憩所で一休みをしました。そこで、何気なしに1本のジュースを買いました。そして、驚きました。あの飲み物だったのです。「ラムネ」という名前もそこで教わりました。

それしかなかったのか、形が珍しいと思って選んだのか、その辺は記憶にないのですが、とにかく私は、思いもよらないところで、「あの日本の不思議な飲み物」と再会することができたのです。

初めて、「日本」に出会ってから、実に40数年ぶりの出来事でした。70年以上も前に、父は小さな私に日本の船を見せてくれました。その後、私が日本で暮らすことになるとは夢にも思わずに……。母も、その日に船長さんから頂いた名刺をいつまでも大切にしまっておきました。そして、その名刺は今、私の手元にあります。

この小さなカードに、私の初めての日本に対するイメージが詰まっています。大きな船、立派な船長室、不思議な味の飲み物、そして優しい日本人。船長さんのお名前は「田村俊三」とおっしゃる方でした。あの時の船長さんはどうしていらっしゃるでしょうか。お子さんがいらっしゃるのなら、私ぐらいの年齢ではないでしょうか。せめて、ご家族にでもお会いしたいと、思い出を辿りながら願っています。

「グスーヨー・チュー・ウガナビラ」

1958年9月16日の深夜2時、沖縄の地を踏みしめた。ルイス神父と共にである。空港ターミナルは、かまぼこ型のコンセントであった。チャールズ（アーミン）神父と石神忠真郎神父が車で出迎えてくださった。ちょうどB円がドルに変わったその日でした。

首里に向かう車の窓から、沖縄の空気に触れた際の第一印象である。「ウン、この空気のにおいはニューヨークの実家の1階、地下室の空気のにおいと同じだ」。この感覚は、いまだに忘れることの出来ない事実でした。振り返ってみると、湿度の高い沖縄のこの空気の香りが、生まれ育ったニューヨークの地下室の香りと同一であった事実が、何らの抵抗もなく、沖縄を第二の故郷にすることになった大きな理由かもしれない。また、この郷愁にも例えられる沖縄の空気が、自らの呼吸に自然に溶け込んでいく現象は、自分の体の中にイングランドの血が流れていることにも因る。

イングランドは貧しかった。決して心が貧しかった訳ではない。経済的な貧しさこそが、それを打開しようとの思いを抱かせた。政治家になって、事を解決することを夢見たこともあった。しかし、宣教師の道を選択した。辺境の地にあっても、宣教師として、正義と平和を追求する姿勢を貫き通したその原動力の背景には、やはりイングランドの血が流れていたことにある。

赴任先は、首里崎山の教会でした。琉球王朝時代の御茶屋御殿の跡地である。信者さんは100人ぐらいいて、お婆さん方がたくさんいました。住まいも首里でした。夕方、散歩をしていると家々からみそ汁や天ぷらのにおいがしてきて、それが印象的でした。首里の町並みはアメリカとは全く異なり、行き交う人の言葉も違い、まるでお伽の国のような気分でした。それでも時おり沖縄のにおいとアメリカの音楽が一緒に流れてくることがあって、これも面白いなぁと思いました。

当初、沖縄の人たちからは、私は「軍の手先」だと思われていたらしく、その誤解を解くのに苦労しました。

もともと私は沖縄に関する知識はなかったのですが、根が反政府主義者なので、アメリカ軍の沖縄での政策には関心がありました。新聞を読んでいると、プライス勧告について や土地取り上げなどの問題が出ていて、良くないことだと思っていました。そのような関係で、私は当初「基地とは全く関係ない」「アメリカ政府とも関係ない」という態度で振る舞っていました。アメリカ人が教会に来ると極力避けていました。

約3年ほど経って、次第に自分が白人であること、アメリカ人であることを受け入れようと思うようになった。自分自身の考えさえしっかりしていれば、アメリカ人ということが役に立つこともあるのではないかと思えるようになった。

当時の首里教会全景

1959年4月5日、学生寮「守礼の家」が完成し、その指導司祭の役職を務め、1961年から1年間アメリカへもどりました。当時はまだ、日本の大学に入って勉

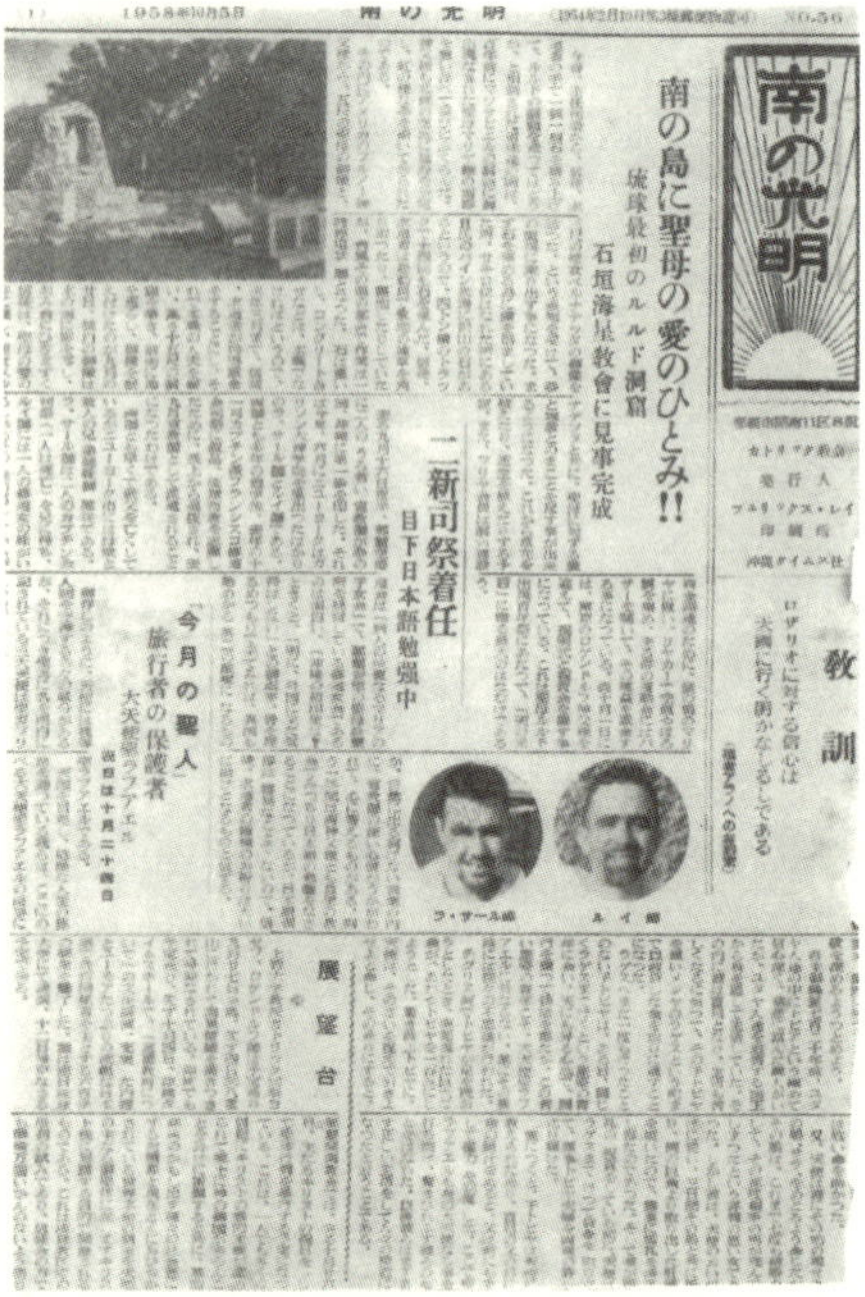

南の光明（1958 年 10 月）

強ができるほど日本語が喋れたわけではなかったので、ニュージャージー州のシートンホー大学大学院のアジア学部で、日本や中国の歴史、それから日本の宗教史を勉強することにしました。日本語についても一生懸命に勉強したので、沖縄の人よりも日本語が上手になりました……?。

その後、沖縄に戻ってきて研究論文を提出しＭＡ（修士）を取得しました。ちなみに、その時の参考資料は、家永三郎先生監修の「新日本宗教史」シリーズで、天理教の成立についての翻訳と解説を加えたものが、私の修士論文になりました。この天理教に関する研究は、カトリックの私にとって、とても良い刺激になりました。１９６２年の夏に沖縄に戻りました。

守礼の家

赤塚嘉先生送別会（1963 年）

コレジオ学生寮

当時の琉球大学の近くにカトリック首里教会があった。首里教会の敷地は、尚家の別邸のあったところである。別邸は1677年に建てられ、1683年渡来の冊封使・汪楫（おうしゅう）が、首里城の東方の風光明媚なところにあることより「東苑」と名付け、またの名を「御茶屋御殿」とも呼ばれ、広く民衆に親しまれていたところである。

教会に併設して琉球大学の学生のための男子寮があった。1952年に8名でスタートした学生寮は「緑ヶ丘」「クリストファー」等と呼ばれていたが、1959年4月5日に「守礼の家」として、その体裁が整えられ、ラサール神父が指導司祭を務めた。その後、1961年にオーバン神父が指導司祭の任につき、「コレジオ学生寮」と呼ばれるようになった。

当時、離島から来た学生には、現在のような一人暮らし用のアパートは全く無かった。そこで、学生を支援するために修道院を改築してつくられた学生寮である。外国人の神父達の住んでいたところであり、寮ではシャワーやトイレが完備されており、学生にとっては快適な環境であった。信者でなくても入寮は許可された。

1963 年：オーバン神父とともに

1959年からの32年間に、多くの琉球大学の男子学生が青春時代を謳歌し、司祭、大学教授、校長、教頭をはじめ多数の教育者を沖縄の教育界へ送り込んだ人材育成の一大拠点であった。

なお、オーバン神父は1956年~1958年、ラサール神父は1964年から1969年までカトリック首里教会の主任司祭を兼ねていた。

コレジオ寮を起点に琉球大学カトリック研究会が活発な活動を展開した。学生運動の華々しかった1960年代のことである。

なつかしい建物、１階は、御聖堂（後に幼稚園に）、２階は学生寮。
この風景も今は無い

ラサール神父様、永野善治先生を囲んで、頼もしい寮生の皆さん。
前列右のヒゲの方が初代寮長の島袋伸三氏

琉大カトリック研究会

琉球大学カトリック研究会の機関誌「暁」から、真摯に生きる意味を問い続けた学生たちの思いと指導司祭としてのラサール神父の情熱を覗いてみたい。初代指導司祭はオーバン神父であり、次いでラサール神父、永野善治先生、大城清正神父、三浦すなお神父が先導役を果たされた。

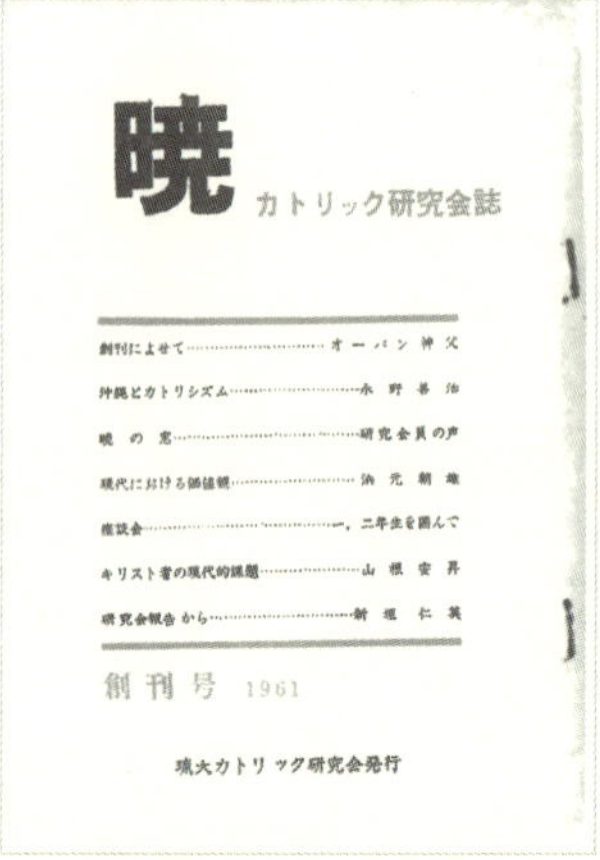

「暁」創刊号（1961年）

1961年に発行された「暁」創刊号に掲載された会員名簿は以下の通りである。

会　長　新垣　仁英

副会長　浜元　朝雄／福地　好子
会　計　具志堅裕子
書　記　識名　盛次
四　年　石垣陽一郎／徳元　孝信／伊志嶺正剛／友利　和雄
源　　啓祐／上間　芳子／浜元　正子／嵩原　瑩子
中村　睦子／山根　安昇
三　年　照屋　林子／新垣佐企子／玉城　功子／中本　安子
新里美智子／仲村　敏子
二　年　大浜　克己／久保田富雄／宮城　政信／稲嶺　秀子
神谷　裕子／当銘　光子／平　　勝子
一　年　奥浜　真徳／神里　幸晴／下地　　寛／砂川　睦博
西平　清志／石垣　敦子／稲嶺　成子／糸数　悦子
上里　一恵／下地　和子／比嘉　広子／山里千枝子
秋元　郁子／真島　啓子／仲間　悦子／当真　光子
仲本やすえ

1965年「暁」第6号に掲載された会員名簿は左記のとおりである。

会　長　高江洲　瑩
副会長　嵩本　安照／比嘉　絹子
書　記　渡真利ひろみ
会　計　宮里　吉一
情報部長　名城　政之
展望編集長　吉村　清
四年　奥作　雅美／新垣　正子／中村　義／松本　淳
　　　喜名キミエ／座波　永哲／新膳　文子／与那城操子
三年　赤嶺　信子／喜名　俊子／平　洋子／仲宗根啓子
　　　石川　桂子／波照間勝子／浦崎　幸夫／比嘉　正男
二年　石川　清勝／池村　順子／喜屋武マリ子／許田　勝子
　　　金城マサエ／石島　衛／久保田　暁／高里千穂子
　　　平良　久子／松村　和子／町田　愛子／宮城　広司

前里　町子／外間　正典／照屋　博／玉城　俊一
国仲　昌夫／与儀喜一郎

一年

与那嶺久美子／儀間　利彦／平良　賢徳

琉大カトリック研究会と学生寮の創設の目的は、指導司祭オーバン神父の「創刊によせて」の文章の中に詳述されている。

“カト研”1964 年度の卒業生送別の会

研究会の理想と活動目標

指導司祭　オーバン神父

「守礼の家」学生寮が未完成の頃にも、私は首里で学生相手の仕事に携わっていたのですが、このほど八重山からの移動命令を受け、学生寮で学生と共に住むことになって、大きな喜びと期待にあふれております。それは、琉大カトリック研究会の皆さんの為になる活動をする立派な機会に、以前よりも恵まれるからです。研究会の機関誌の創刊号が発行されるに当たって、教育事業に携わる私たちの目指すべき理想と、それに適する活動に関して、読者と共に考えてみたいと思います。

私たちの研究会が掲げている目的を、もっと細かく分析してみれば、それが三つの面から構成されていることが明らかになってきます。これを一言でいえば、私たち研究会の目標はカトリック学生またはカトリックの生活様式に初めて接しようとする学生の、精神的、知的、ならびに社会的関心を深めることにあるのです。

まず、「精神的関心を深めること」は、会員があらゆる宗教的活動に参加することによって達成されます。むろん、こういう参加は、特に最初のうちは、形式的なわざにならざるをえませんが、確実な宗教的人生観を理解するには、ある程度の参加が是非とも必要なのです。この面について持っていただきたい心得は、ニューマン枢機卿の言葉にきれいに現わされています。

すなわち、「われわれは、宗教を形式によって始めねばなりません。しかし、宗教を形式として始めることは正しくても、形式から一歩も出ることなく、いつまでも停滞していることは間違いです。そこで、不断の努力と祈りとを以って宗教上の努めの真の核心に進み入ることは、われわれの義務であって、それらを理解し愛する度合いが深まるにつれて、宗教上の務めは、もはや単なる形式や義務ではなくなり、やがては、われらの精神を真に表現するものとなるに違いありません。こうすることによって、全能の神の下僕から子供としての自覚への変化が、徐々に心の中に生じてくるのです」。

こういう形式あるいは宗教上の外面から出発して、カトリック生活様式の奥底の深さを体験することは、カト研の大いなる努力点でなければなりません。宗教信仰をそういうふうに身につけた会員は、偏狭で小心な宗教的宗教家ではなく、実に広量な普遍的な人間そのものにならざるをえません。「全き人間」をこしらえること、これがわれわれの宗教の一つの目標であるといっても過言ではありません。

次に、「知的関心を深めること」は、一般のいわゆる世俗の学問において把握される教育訓練と同じレベルの教育訓練を、宗教の面でも学生に与えることです。その宗教教育とは、大学生としてふさわしい教理の研究と、教理を日常生活に適用することです。大学では、特定の生活を活かすための準備を致します。つまり、教師、技師、ビジネスマンなどになる準備です。昔から伝わってきた学問を、今日の社会の要求に応用することを学んでいるわけです。それと同様に、カト研の学生は、カトリック的原則を、自分たちの宗教的活動にも、また自分たちの住む社会の重要な問題にも適用することを学ばなければなりません。この目的を達成するために、教理の研究、機関誌、グループ活動、あるいは講演会や座談会などが計画されているのです。

最後に、「社会的関心を深めること」は、カトリシズムの共同体的生活を実感するために、研究会の欠くべからざる努力点になります。そうするためにカト研は、会員がカトリックの社会的生活様式を体験できるような機会を与えようとするのです。パーティ、合宿研究会、遠足、寮生活など、これらすべてがカト研の社会的プログラムの一部となるのです。こういった社会的プログラムは、「全面を兼ねた人間」の自然な表明です。なぜなら、個々の個人が人間として完成されるには、是非とも他の人と一緒になって生活する必要があるからです。社会性を養わないうちは、結局いつまでも未完成です。もし、大学教育が完全な生活への準備であるなら、この方面の特徴を伸ばさなければなりません。

わたしたちのカト研が、学生の内的生活、知的能力、社会的気質を豊かに育てれば育てるほど、琉大における使命をそれだけ果たすことになるのです。

（1961年　カトリック研究会誌「暁」創刊号より）

以下に、カト研会員の足跡を記しておく。なお、手元にある資料からの抜粋であり、すべてを網羅することはできなかった。それでも、研究テーマからみても、当時の若者の真理の追究への情熱を窺い知ることができる。カト研ＯＢの皆さんも、今や、70

歳代後半から80歳代へ突入する年齢になったのではないでしょうか。

・沖縄とカトリシズム……………………………永野　善治
・現代における価値観……………………………浜元　朝雄
・キリスト者の現代的課題………………………山根　安昇
・典礼への呼びかけ………………………………オーバン神父
・キリスト教と神秘………………………………ラサール神父
・現代の問題とカトリシズム……………………永野　善治
・現代の人間観とカトリック……………………浜元　朝雄
・座談会「産児制限をどう見るか」……………安座間　弘（安座間産婦人科院長）
兼本　武（琉大講師）
嶺井百合子（文教局社会指導主事）
山口　登（聖母診療所医師）
永野　善治（守礼の家指導教官）
・ヨーロッパ共同市場について…………………照屋　林迅

・隣人との一致……………………………オーバン神父
・宗教の精神と遊びの精神………………ラサール神父
・人格陶治の問題とカトリシズム………永野　善治
・キリスト教の土着化と沖縄の宗教……浜元　朝雄
・変化の必要性……………………………ラサール神父
・現代における人間像……………………松本　淳
・共産主義の人間観とカトリック………中村　義
・恩寵の必要性に関する一考察…………三浦神父
・現代人と宗教……………………………永野　善治
・カト研本質論へのアプローチ…………松本　淳
・現実と理想の抗争の中で………………浜元　朝雄

第１回ＯＢ会

カトリック研究会誌「暁」に思う

石川 清司

編集中に、琉球大学カトリック研究会の機関紙「暁」の内容の重みに圧倒された。真摯にして、広い視野での議論が展開されている。青年宣教師ラサール神父の情熱と永野善治先生のきめの細かい考察が、若者をして奮い立たせたものと推測される。やむを得ないことではあるが、当時の外人宣教師の日本語はいまだ未熟であったものと考えられる。日本語の未熟さは、それ故にかえって体を張った、情熱でもって信仰を表現することになったのではないかと考えたい。

当時の若者の感受性は、もしかして、国民性の、民族性の相違にも気づいていたのではないかと思われる。宗教を背景にした社会と家庭環境の中から、体に染みついた信仰を生きる宣教師の言葉に対比して、頭から入っていく信仰には、自らの体に溶け込んでいくまでの思索と苦悩と「時」を要するものと思われる。当然のこととして突き当たる壁が大きく異なるような気がする。三浦神父の指導と思索にも大きな期待が寄せられたものと推測できる。

学生は燃えてはいたが、冷静でもあった。高度経済成長の時代。貧富の差が拡大する社会においても真理を、正義を、格差の是正を希求して止まなかった。地に足をつけた研究が地道に展開されていた。信仰の深化と並行して、社会の仕組みに対する視野も十分にその広がりを窺がい知ることができる。

私は、大学紛争を経験した最後の世代である。「暁」の世代に比較して、自分自身の大学生活を反省させられ、悔いるものがある。

昭和43年（1968年4月）が私の岡山大学入学の年である。当時の医学部は、入学後の2年間は全くの一般教養課程であり、医学の教科は3年目から受講することになっていた。（現在の医学教育は、1年生の段階から医学関連の教科の履修が義務付けられている）。そこで一般教養としての「倫理学」「経済学」を選択科目に加えて受講することになった。内容の十分な理解は伴わなかったものの、新鮮な世界の展開を感じたことは確かであった。

入学2年目に大学紛争がピークとなり、10か月ものストライキに突入した。討論集会の連続であった。現代思想研究会に所属していたが、その思想の激しさと、思想を行動に表すよう強要するクラブの雰囲気に恐怖感を覚えた。全共闘の行動に追随することはできなかった。行動の伴わない思索に対しては、厳しい批判を受けた。


岡山教会は古い伝統のある教会で、3世代、4世代にわたる信者さんの家庭が多くあり、同年代の信者は、幼児洗礼を受けた友がほとんどであった。信者さんのお婆さん宅の2階に下宿することになり、そこが教会の若者のたまり場になった。

幼児洗礼を受けた友の純真な信仰は、自分には無い何かが根底にあることに気づいてはいた。「何か」である。神学校を中途で、挫折する形で退学の道を選んだ友が何人かいた。長年にわたり挫折感を引きづっていた。「信仰」とは、「宗教心」とは、「生きる」とは、議論は尽きることなく延々と続いた。

思い出してみると、確かに岡山の地にも教会の学生寮が存在した。そして、大学紛争の最中にあってもカトリック研究会の活動を展開していた。近接して、ノートルダム清心女子大学があり修道院があった。大学生の指導はシスターが担当されていた。随分と迷惑をかけた。清心女子大学は、比較的裕福な家庭の子女のための大学である。大学の理念はそうでなくても、そうならざるを得ない状況下にあった。議論が重ねられたが残念なことに、機関誌「暁」に込められたような豊富な内容の信仰・真理・正義・平和の追究には至らなかった。

振り返って反省してみると、議論が先行し行動が伴っていなかった。コレジオ学生寮に見られたような規則正しい生活のリズムの中に、信仰を掘り下げていく縦の線と社会との関わりの中で生きる横の線の接点が必要であった。

琉球大学カトリック研究会の初代指導司祭オーバン神父の引用した言葉は深い意味が込められているような気がする。次のような文章である。

「われわれは、宗教を形式によって始めねばなりません。しかし、宗教を形式として始めることは正しくても、形式から一歩も出ることなくいつまでも停滞していることとは間違いです」。

後に述べる「沖縄・生と死と老いをみつめる会」の顧問、禅宗の崎山崇源老師とラサール神父は、相互の信頼関係を基礎に会の運営を指導してこられた。禅宗とカトリックのよって立つ共通の基盤がどこにあるのかということも私の関心事であった。禅宗もカトリックも、やはり、最初は「型」から入っていく共通点を有するような気がする。「型」に心をこめること、魂をこめることは比較的に容易である。「型」を無視するほど人間は賢くもなければ、強くもない。「型」は、人間の長年にわたる知恵が造りだした偉大なもののように思える。それは、習慣として定着、儀式と表現できるものかもしれない。それを血となし、肉となすかは変革が必要であろう。

私は母親を亡くした際に、このことを痛感した。母親は、100歳で天に帰った。ラサール神父に洗礼を志願し、病癒の秘跡を授けてもらった。明治・大正・昭和・平成と沖縄の苦難の歴史をくぐり抜けてきた100歳の命は、夕陽が沈むがごとく、紅葉が静かに散るがごとく、ごくごく自然なかたちで幕を下ろした。

一つの物語が完結した後の葬儀は、一つの節目の儀式である。ラサール神父は、葬儀の中で、告別式は亡くなった人のためにとどまらず、どちらかと言えば残された人たちのためにあるとの説教であった。

七七忌の習慣はチベット仏教に由来しているのではないかと思われる。詳細に勉強した訳ではないが、「チベット死者の書」からみると、輪廻思想の中に位置づけられた儀式と考えたい。実際に、母親の死に対する心の整理は七七忌の49日間は、必要にして最小限の日数のような思いがした。何年も、何十年も会う機会のなかった方々も遠方より訪ねてこられて、想い出を語ってくださった。「縁」であり、「絆」である。

心の整理と癒しに対応する儀式は、慣習としての人間の長年の知恵ではないかとつくづくそのような思いがした。

まず、「型」を大切にして、真髄を極める努力が求められているのであろう。ラサール神父の語る「変化の必要性」とも受け取ることができる。

禅宗では先ず、「坐る」ことをすすめる。そして、「坐る」ことは、手段ではないと説く。「坐る」ことから出発し、日常生活のすべてが「禅」だと説く。老師と神父の意気投合するところは、先ず、「型」があり、そして「型」を脱するところにあるのではないかと考えた次第である。あくまでも一つの側面から覗いてみたものであり、相互の信頼関係が基盤にあることは事実であろう。

「コレジオ学生寮」賛歌

松本 淳

2001年8月に編集された「カトリック首里教会創立50周年記念誌」に掲載された松本淳氏の想い出の記録である。タイトルは、「さよならコレジオ寮」となっている。

コレジオ学生寮が間もなく解体されて無くなるというので、かつて若かりし頃、この寮にお世話になった元学生たちが集まってお別れの会を企画した。年度末の忙しい中で、しかも知りうる範囲での電話連絡であったため、20~30名くらいでも集まればいいだろうと思っていたが、蓋を開けてみると50名もの参加があり、企画は成功だった。

この学生寮は、カトリック教会が、琉大学生のために建設したもので、築後およそ40年が経過し、老朽化等のため撤去することになったようである。

私がコレジオ学生寮にお世話になったのは、1963年頃であった。首里高校時代の親友が入寮していたこともあって、彼を訪ねたのが入寮するきっかけとなった。彼は、数少ないクリスチャンであった。自宅が寮から近いのに、わざわざ寮に入ったのは信心生活に有益と考えたからであろう。

この学生寮は、信者でなくても入れるというので、迷うことなく願い出ることにした。その動機（理由）は、3つあった。まず何よりも閑静で、自然環境が申し分ないというのが第1点。なにしろ寮の東方から南方に目をやれば、南風原の丘陵につながる緑なす風景が広がり、西方の御茶屋御殿（ウチャヤウドゥン）の高台からは、那覇の市街地やその彼方に大海原と慶良間諸島が眺望できるのである。

2点目は、琉大の男子寮に対する比較優位だった。琉大寮は1室に4～6人詰め込んでいるが、教会寮は1室2名の定員20名、広くてきれいで、まるでホテルのように思えた。寮費は琉大寮より割高だが、そこは何とかアルバイトで捻出できると考えた。

コレジオ学生寮ＯＢ会

そして３つ目の理由は、何と殊勝にも規律正しい生活を通して、望ましい自己形成を図っていきたいという青年期特有の理想への憧れであった。

別に厳しい審査もなくすんなり入寮を認めていただき、そこで約３年の月日を送ったわけだが、最上級の４年の時は寮長を務めた。随分厳しい寮長だったと後輩の諸君から後日、聞かされた。やさしさをもって本領とする私にそんなはずはないと否定したいところだが、言われてみると思い当たるふしが皆目ない訳でもない。寮生活は、朝６時の起床に始まり、夜11時の消灯で終わる。この生活のリズムというか、基本が定まっているので、これを守り守らせるために、率先垂範しなければならない立場にあったからである。

朝の6時は、夏の間はまだいいとしても、冬は正直言って起きるのがつらかった。週の当番に当たった者は、定時に鐘を鳴らして起床を促す。寝ぼけ眼をこすりながらぞろぞろと屋外に出る。草露を踏んで円形になってラジオ体操をする。20名そこその人数なので、来ていない者はすぐに分かる。呼びに行く。体操が済むと、次は清掃の時間である。居室の廊下や談話室、食堂を担当する者、トイレやシャワーを清掃する者、屋外の草刈りに回る者など3班に分かれて30分ほどの作業をする。その後、食事までの時間は礼拝堂に行ってミサにあずかる。ただし、自由参加だった。そして、朝食が済むと大学へ通う。それが毎日の日課であった。食事は、調理のおばさんが作ってくれたが、日曜日は学生たちが当番で作った。

思えば、コレジオ寮は、私にとって学生時代の生活の場であるとともに、キリスト教入門と信心生活の場でもあった。カトリック研究会という琉大の一クラブに入ってキリスト教関係の本を読み、オーバン神父や永野善治先生の講義を聞き、あるいは招聘講師の粕谷甲一神父の講演を聞いた。さらに進展してカトリック入門講座である公教要理を勉強しているうちに、いつしか心酔するまでに影響を受け、洗礼を受けるに至った。受洗日は、１９６４年3月28日の御復活の祝日だった。首里教会で敬愛するラサール神父（コレジオ学生寮の指導司祭を兼務）から授かった。22歳の時だった。

爾来37年、キリストを主（しゅ）と呼び、「主の祈り」を唱えつつ、神の愛と信仰の恵みの中で生かしていただいている。信者年数だけは結構長いが、別に深いものを会得しているのでもなく、いわゆる熱心な信者とも言えない。しかし、主日の務め、つまり日曜日の礼拝をさぼったことはないといっても差し支えなかろう。公務で日曜日も出勤しなければならない場合は、やむを得ずミサを欠礼する時もあったが、どんなに体調不良の時でも寝込んでいるのでなければ教会を休むことはなかった。それは、子供たちへの信仰教育を常に意識していたからでもあり、オヤジが頑張らねばという意地からであった。それはまた、受洗の時に私が終生守り抜こうと決めた、ただ一つの「頑固さ」なのであった。

還暦を迎えたこの歳になって、つくづく思うのは、信仰を持ってほんとうに良かったということである。神を信じる人に与えられる恩寵によって魂の奥深くに感じる愛と希望と喜び、これこそまさに信仰の賜にほかならず、信仰の遺産として子供たちにしっかり相続させたいものである。財産相続には相続税がかかるが、信仰の遺産相続には税金はかからない。だから喜んで相続して欲しいのだが、こればかりは親の思い通りになるとは限らない。キリスト教が弾圧されていた昔は、信教の自由がなく、心ある人々は隠れてまでも己の信仰を守り通した。
しかし、信教の自由が保障されている今の時代には、逆に信じない自由がはびこり、せっかく信仰の恵みをいただいていても、ある意味で「隠れキリシタン」となっている悲しい現実もある。そういう時代状況の中で、子供たちに信仰の遺産を確実に伝えていくことは、決して容易ではない。しかし、周囲がどうあれ、世間がどうであれ、私は自分が選んだ道をこれからも「頑固」に守り、歩み続けていきたい。

コレジオ学生寮は、修道生活にも似た修練を通して自律性を涵養する若き日の自己形成に役立った。あの学生寮を建設し、若者の育成に尽力された教会指導者のご功績を高く評価するとともに、彼らに心からの敬意と感謝を捧げたい。さよなら、コレジオ学生寮！　ありがとう。

ラサール神父の講演3題

1．君は、人生の主人公か？

　1993年8月、琉球大学国文科の学生、名富綾乃さんが来沖30年のラサール神父に問いかけた文章がある。

生まれ故郷から遠く離れたこの沖縄の地で生活を続けていくことを決意させるものは何であるのかが最大の関心事でした。そして、多くの人々から好意をもたれる神父の人気の秘訣はどこにあるのかをも知りたいとの思いからの問いかけでした。

　以下が質問に答えたラサール神父の話です。

私は、アメリカでカプチン会の神学校に入っていました。私たちのアメリカのカプチン会の管区は、終戦後、沖縄の教会の責任者を引き受けました。終戦直後、カトリックの司祭は沖縄にはいなかったので、私たちの神学校から沖縄に司祭を送るようにとの本部からの指示がありました。そこで、誰か行きませんかとの依頼が神学校にあったのです。私が神学生の頃、先輩が先に沖縄に派遣されていたので、その先輩の手紙とか、先輩が休暇で帰ってきた際に沖縄のことを教えてくれました。また、誘いもありました。そういったことで、沖縄のことをほとんど知らない状況の中で、単純な気持ちで、行ってもいいよと募集に応じたのです。

神学校へ行ったのは、司祭の仕事をやりたかったからです。司祭の仕事は、神の、聖書の言葉を分かち合ったり、また、お祈りをしたり、病人の見舞いをしたり、人の心に悩みがあったときに相談にのったりすることです。私は、そういう仕事をめざしていたので、アメリカでもいいし、沖縄でもいいし、自分の仕事ができるところだったらどこでもいいという気持ちでした。

沖縄に来て、教会の仕事の一つとして学生寮での指導がありました。イエズスのことを紹介したいということで、教会の近くに琉球大学があったため、琉球大学の学生を対象にして学生寮をつくりました。当時、学生たちはあまり住むところが少なかったので、24名くらい収容できる男子寮でした。琉球大学の学生との交流の場、関わりの場にすることが目的でした。

同時期に、琉大のほうから、英会話を教えてくれるようにという依頼がありました。最初は、無料奉仕で英会話を教えました。それは、初等会話で、とても楽しかったのを記憶しています。学生との出会いを求めていたからでしょう。１９６０年の４月から、約10年間続けました。途中で、少し手当をもらうようになりました。

その頃、カトリック研究会というクラブがあり、聖書を、イエズス様のことを勉強したいという学生の集まりで、多くの学生との出会いがありました。活発な活動でした。学生たちは、毎年の大学祭などで教会を紹介しながら、キリスト教の立場から現代社会の問題に対しての考え方を報告しました。グラフを作成したり、パンフレット発行したり、とても活発な活動でした。学生との交流は、約20年ほど続けました。あの頃、琉大でキリスト教を研究している学生とマルクスを研究している学生が、よく議論をしていたようです。

30代、40代の頃は首里にいて、学生との関わりや首里教会の活動をいろいろと経験しました。特に、厚生園という老人ホームへは毎週出かけて行き、おじいさん、おばあさんとよく関わりました。近くにある那覇市の社会福祉施設「愛生寮」という母子家庭の団地でも活動をしていました。カト研の学生と教会の信者と高校生、青年が一緒になって、福祉活動、ボランティア活動が活発に行われていました。

私たちは、不正を受けている人とか、弱い立場にある人たちを、イエズス様の教えにあるように大事にしました。学生寮では、よく学生たちに社会参加、社会活動に積極的に参加するようすすめました。これらのボランティア活動も、ひとつの自分たちの実践でした。

アムネスティー・インターナショナルにも関わっていますが、これも一つの具体的な活動になります。私たちは、単なる主義・主張だけではなくて、何か具体的に、世界各地で不正を受けている人たちのために行動するというのがねらいです。不正を受けている方々の責任者に、手紙や電報を送ったり、不正を受けている人々の人権を保障してくれるよう働きかけています。何故それをやっているかというと、それは以前からの社会参加であり、私たちの責任であり、私たち自身が責任を果たすべきだと考えているからです。30年前からの活動の一部にすぎないと考えています。

今の、「私の目的とするものは何ですか?」という質問ですね。模索中です。抽象的に言えば、人を解放したいという思いです。人を、一人ひとり、主体性をもって、自分自身の人生を歩むことができるように。それが出来るような環境づくりをしたいと思っています。上からの命令ではなく、ちゃんとした理念のもとに行うことです。私にとっては、福音にはそういう理念があります。私たちがキリストの精神をもっと自分のものにして、一人ひとりが、真に、どの分野であっても、人に頼まれたからとか、集団の皆がやっているからとかではなくて、これが自分に与えられた使命だから、自分にしかできない仕事があるとの自覚からの行動です。主体性をもって、自分の使命に取り組むように、取り組めるように、私たちがその環境づくりをしたいと思います。

皆に、それぞれの使命があります。幼稚園生には幼稚園生なりの使命があります。

教会の幼稚園で取り入れているモンテッソリー教育はそのような目標があります。独立心をもって、自分のことをやっていけるように。モンテッソリーというのは、子供を中心とした、子供に主体性を持たせる幼児教育の一つのビジョンです。一人ひとりに行動を任せますが、放任主義ではありません。

キリストさまは、私たちに人間観、世界観を打ち出しています。それを、共に把握したいと思います。任せるというよりも、任せられている個々の使命があります。それを把握し、全力を尽くして、それに取り組むことができるように、お互いの助け合いが必要ではないでしょうか。

私があなたの使命を考えるのではなくて、あなた自身が、自分でそれを探す努力をすることが大切なことです。そうすることによって、私たちはこれまでの経験からいろいろな示唆を与え、あなたが、自分の使命を把握するために支援することができるでしょう。

「あなたには、大事な使命がありますよ」、それを果たしていますかと問いかけたいと思います。私が、あなたに問いかけても、あなた自身がその使命に取り組んでいなければ、私の言葉は無意味になってしまいます。あなたに、それをすべきだと言うように、あなたの行動に対する責任は持てません。あなたが、自分自身の使命に取り組もうと考えたときに初めて、あなたの頼りになるでしょう。それが、私の考えです。

多くの人たちは、自分の歴史の主体ではありません。対象になっている、強いられている、集団に動かされているという感が強い。結局、自分で自分の勉強をして、自分で勝ち取った価値観ではなく、周囲から植え付けられた価値観に振り回されているような気がします。私自身も、そういうことが多くあると感じています。


私の言いたいことは、問いかけたいことは、そういったことです。私自身も、毎日問いかけています。「あなたは（自分自身のこと）、ほんとうに自分の人生の主体になっていますか?」……と。主体になるということは、責任も伴います。「逃げているのではないですか?」という問いかけです。共に、そういう生き方をしたいと思います。これには、大変な忍耐と努力が要ります。

権威者は、多くの場合、そういう主体性に理解がない。そこで摩擦がでてきます。私自身も、模索中です。問いかけている真っ最中です。難しい問題で、答えを見つけるのに時間が必要です。自分の歴史をつくるということは大事で、それが出来るとすばらしいものになるはずです。

若者たちだけではなく、すべての人々に、今、問いかけて、共に考えていきたいと思います。

（1993年8月：名富綾乃記録）

2．愛を探そう

2003年8月25日「生と死と老いをみつめる会」講演

あなたは、「人生の目的は？」と問われたらどう答えますか。

私は、多くの人たちが「いい人になること」「いい人と思われること」と答えるのではないかと思います。そのために、私たちは自分の行動を振り返ったり、自分の言動に気をつけようとします。そして、私たちは特に信仰を持つものとして、キリスト信者として、いわゆる「いい人」になるために、「互いに愛し合いなさい」という掟を守ろうとします。

ここで、私の霊的指導司祭であるハンガリー出身のネメシュ神父の話を紹介します。彼は、「互いに愛し合いなさい」という掟を守りなさいと主張するのではなく、「愛を探しなさい」と指導します。私たちは、キリストに近づくために、どれだけ誰かを愛したかとか、どれだけ掟を守ったかといったことにこだわるのではなく、自分が「どれだけ愛されたか」ということに気付かないといけないと強調するのです。

自分が、どれだけ愛されているかに気付くことは大切なことです。なぜ、人を「愛した」というよりも、自分が「愛された」という実感を覚えることが大切なのでしょうか。

私たちは、「いい人になりたい」と思うと、倫理道徳的な行動ができているかということを判断の中心に据えて考えてしまいがちです。今日は、人に親切にしました。今日は、よく勉強しました。などと反省します。ところが、このような反省の中からは、自分が愛されているという実感は得られません。かえって、減るかもしれません。そこで、ネメシュ神父は、一日の振り返りの中で、自分をチェックするのではなくて、先ず、「今日は、どれだけ愛されたか」に気づきなさいとおっしゃるのです。

それは、ほんの些細なことでもかまわないのです。「今日、自分はこんなにも愛された」。そのことを味わいながら、一日を振り返るのです。振り返りの中で、自分が人に親切だったとか、冷たく振る舞ったとかいうことに気がつくかもしれません。しかし、それを反省し、完璧な人間になろうとするのではなく、先ずもって「愛されている自分」を味わうのです。

ネメシュ神父は、日頃からそういうことに気づく訓練ができている方でした。以前に沖縄に来られた際に、こういうことがありました。私が車でネメシュ神父を迎えに行き、途中である店の駐車場に入りました。私が、バックで駐車を試みていたところ、他の人が場所を譲ってくれました。すると、すかさず神父は「あなたはあの人に愛されていますね」とおっしゃったのです。愛されたことというのは、このような些細なことでもかまわないのです。

人に愛された、親切にされた、穏やかに接してもらえたと心に留めた時に、人にも穏やかに接することができるようになるでしょう。そういう意味で、ネメシュ神父は、「毎日、愛を探せ」と指導するのです。

自分がどれだけ愛されているかを考えることとは、いい人になろうとすることとは反対のことのようにも思えます。自分のことだけを考える利己主義的な人間にもなりそうな気がします。しかし、このことは利己主義ではなく、「愛された」という受け身的な出来事です。あなたの功績ではなく、無償で誰かに「愛された」ことを探すことになります。利己主義的であるならば、倫理道徳的な観点から、私はどんなにいい人だったかと言うことを探すことになり、どんなにすばらしい人かと言うように、自分自身を対象としてとらえてしまいます。「愛を探す」ということは、その逆であり、周りの人の行動が対象になります。

今日、どんなに人に愛されたかと考えることは、自分がどんなに素晴らしいことをしたかではなく、自分に注がれた「無償の愛」に気づくことになります。周りの人たちが、どれほどか自分のことに愛を実践してくれたかに気づくことは、ごくごく自然なかたちで自分自身も相手に対して親切になりたい、優しくなりたいと思うようになるでしょう。

聖書の言葉、神様の言葉は、「神を愛し、己のごとく他人を愛しなさい」となっています。ただ「互いに愛し合う」のではなく、「自分と同じように」ということが大切なことなのです。誰かに愛されている大切な自分、その自分と同じように他人を大事にしなさいという意味です。

ですから、私たちは先ず、自分の心が貧乏だということを認めましょう。そして、「この貧しい心を満たしてください」と祈りましょう。自分の心を満たすことは、自分の力ではどうにもならないのです。だから、愛を探すのです。何をなしたかではなく、思いがけない「無償の愛」をもらっていることに気づきましょう。些細なことでかまわないのです。如何に愛されたかに気づいたら、そうされたように他人を愛しましょう。自分がそうされたように、相手に対しても同じ態度をとりなさいと神様はおっしゃっているのです。「己のごとく愛せよ」がポイントです。

「いい人になりたい」と思われる方は、それを目標にするのではなく、「愛をさがす」、その実りとしていい人になれるでしょう。

3．命について

臓器移植普及推進シンポジウム講演より

「国立劇場おきなわ」において、臓器移植シンポジウムが開催され、「命について」と題する講演の機会を得たのでその要旨を記録しておきます。

シンポジウムの主催者側からの依頼は、宗教者の立場から臓器移植をどのように考えるかについて話して欲しいとのことでした。結論から言うと、私たちの宗教は原則として、臓器移植を倫理道徳的に正しいと考えています。命の贈り物を与えるということは称賛に値する素晴らしい隣人愛的行為です。なぜそのように言えるかということをお話しする前に、「命」について改めて考えてみたいと思います。

命については、色々な観点から問うことができます。医学的、社会的、科学的など種々の立場で定義することができるかもしれません。宗教的に考えると、命とはたいへん不思議で、尊い神秘的な力だと言えます。

しばらくの間、想像の世界に入っていただきたい。例えば、新都心にできた大きな公園、あるいは身近にある広場などをイメージしてみてください。そこでは、朝早くから、陽が沈むまでの間に、赤ちゃんと遊ぶ親、テニスやサッカーをする人、音楽を聞いたりダンスを踊ったりする若者、散歩する老夫婦など、多くの人々が集まり、それぞれの時間を楽しんでいます。この人たちは、一見ばらばらに見えるかもしれないのですが、その風景をじっくりと味わってみると、皆が不思議なリズムに則って、一つの生態系を形づくっていることに気づかされます。

命というものは、一人ひとりに与えられたものではありながら、生態系として考えてみると、私たちは一人で生きているのではなく、お互いの力によって生かされていると言えるものと思います。

ところで、奥村神父は「命」という文字には、「いのち」と「命じる」との二つの読み方があり、私たちは「自分から生きている」のではなく、誰かに、つまり「神から命じられて生きている」という捉え方もできるとおっしゃっています。辞書にも「命」については、次のような記述があります。「古代人は、人の生きることや世の中のなりゆきは、天の神の命じるところと信じていたので、いのち、世の中のさだめ（運）を意味し、ひいてはめぐりあわせを意味する」（角川漢和辞典より）。

この「誰かに命じられて生きている」という考え方は、大変興味深いものですが、これは宗教者に限った考え方ではないようです。遺伝子工学の第一人者である村上和雄筑波大学名誉教授のお話しには、「私は研究を続けるうちに、生命を育んだ大本の何者かについて考えるようになり、宗教の世界でいうところの神、仏のような存在を実感せずにはいられませんでした（佼成：２００５年6月号、18頁）」とあります。また、村上氏はその何者かを「サムシング・グレート（なにか偉大なもの）と呼び、命の誕生は偶然ではなく、サムシング・グレートの不思議な意志があればこそだとも述べられています。

一方、歴史小説家・司馬遼太郎氏の「21世紀の君たちへ」という文章の中には、「歴史の中の人々は、自然を恐れ、その力をあがめ、自分達の上にあるものとして身を慎んできた」とあります。しかし、司馬氏は、どうも最近の人々は、そのような気持ち、いわゆる自然に対する畏敬の念を無くしてしまっているように感じています。彼は、21世紀の若者たちに、そういう自然に対する畏敬の念を培うことを勧めています。

もちろん、沖縄の先人たちにも同じような信仰がありました。先日、亡くなられた民族研究者の仲松弥秀先生は、沖縄の宗教心を「幼児が、親の膝に座っている状態と同じく、村落民がウタキの神に抱かれて、腰を当てて、何らの不安も感ぜずに安心しきって寄りかかっている状態」と表現しています。（神と村・仲松弥秀著　14頁）。この、ウタキこそが沖縄の人々にとっての「サムシング・グレート」という存在だったのではないでしょうか。

これらの方々がおっしゃっているように、私たちは、人間は、自分で生きているのではなく、自然の大きな力によって生かされていることを忘れてはいけないと思います。私たちは、そういう考え方を大事にしなければいけないと思います。私たち宗教者も、一人ひとりの命があるのは、さらには、この大きな生態系ができているのは、大きな何か、つまり神様によって頂いているものと考えています。
　しかし、近代に生きる人々は、自然に対する畏れを忘れてしまう傾向にあるのが現実です。その一つの原因として、デカルト主義の影響もあるでしょう。デカルトの考え方には、世界を「神・人間・自然」と三つに分け、「本来は一つの大きな秩序を形成していた神と人間と自然というものをバラバラにしてしまった」という特徴があります（南無の心を生きる：井上洋治著）。この思想のおかげで、私たちは医療技術の発展の恩恵に預かることができているわけですが、一方で、臓器移植については単なる部品の交換にすぎないという観点で、嫌なイメージを持ってしまう方もいらっしゃるかもしれません。

繰り返しますが、私たちは、何か大いなる存在によって生かされていることを忘れてはいけません。私たちの命は、親から、そして神様から与えられた「不思議な力」です。私たち自身が、「贈り物」なのです。ですから、臓器を提供するということは、単に誰かの体に「移し替える」というのではなく、頂いた命を「贈る」という意味で素晴らしい行為だと考えたいと思います。

このシンポジウムのキャッチフレーズである「あなたが贈る想いが笑顔にかわるとき」の提唱者は、「贈る」という言葉でもって臓器提供者の気持ちを伝えたかったそうです。

この話題については、賛否両論さまざまな意見があるでしょうが、私は、臓器を提供なさる方々は、「命を贈る」最高の形を見せてくれていると考えたいと思っています。

ラサール神父の活動年譜

1958年　9月16日　：午前2時　沖縄着任
1958年～1959年：日本語の勉強
1959年～1961年：首里、学生寮指導司祭、英語講師
1960年～1961年：琉球大学英語講師
1960年　12月1日：人命救助で表彰
1961年～1962年：研究休暇（米国）
1962年～1963年：普天間教会主任司祭

１９６２年～１９６３年：琉球大学英語講師
１９６４年～１９６５年：首里教会助任司祭、学生寮指導司祭
１９６４年～１９７０年：琉球大学英語講師
１９６５年～１９６９年：首里教会主任司祭、幼稚園園長、学生寮指導司祭

１９６９年～１９７４年：地区長（小禄）
１９７０年～１９７５年：小禄教会主任司祭
１９７５年～１９８４年：首里教会主任司祭、幼稚園園長、学生寮指導司祭

１９８４年～１９８５年：奄美大島助任司祭
１９８４年～１９８７年：幼稚園園長
１９８５年～１９９１年：小禄教会主任司祭、地区長

１９９１年～１９９２年：研究休暇（米国）

１９９２年～１９９５年：与那原教会主任司祭
１９９５年～１９９７年：休職
１９９７年～２００７年：小禄教会主任司祭
１９９９年～２０００年：幼稚園園長
２００７年～２０１３年：与那原教会主任司祭
２０１４年～現在　　　：カトリック文化センター長

沖縄着任当時の私の日本語は、全く未熟なものでした。首里教会の信者さんは、多くはお婆さん方でしたので、ウチナーグチ(方言)を学ぶのにうってつけの機会でした。挨拶時の「グスーヨー」、「御（グ）衆（スー）様（ヨー)」も当時教わった言葉で大切に用いていています。わりと流ちょうに使えるようになってからの失敗がありました。一文字の間違いですが「グスーヨー」を「グソーヨー」と発音してしまったのです。会場の皆さんもビックリでした。そうです。「グソー」とは、来世、あの世、天国のことを意味する沖縄の方言なのです。

着任間もない頃、人命救助で表彰されたことがありました。

琉球大学での非常勤講師としての日常英会話の授業は、楽しく充実したものでした。当時の学生気質を知る上でも、若者に対する宣教の機会としても貴重な経験になりました。「コレジオ学生寮」での指導司祭としての役割を果たす上でも、よかったと懐かしく思い出されます。

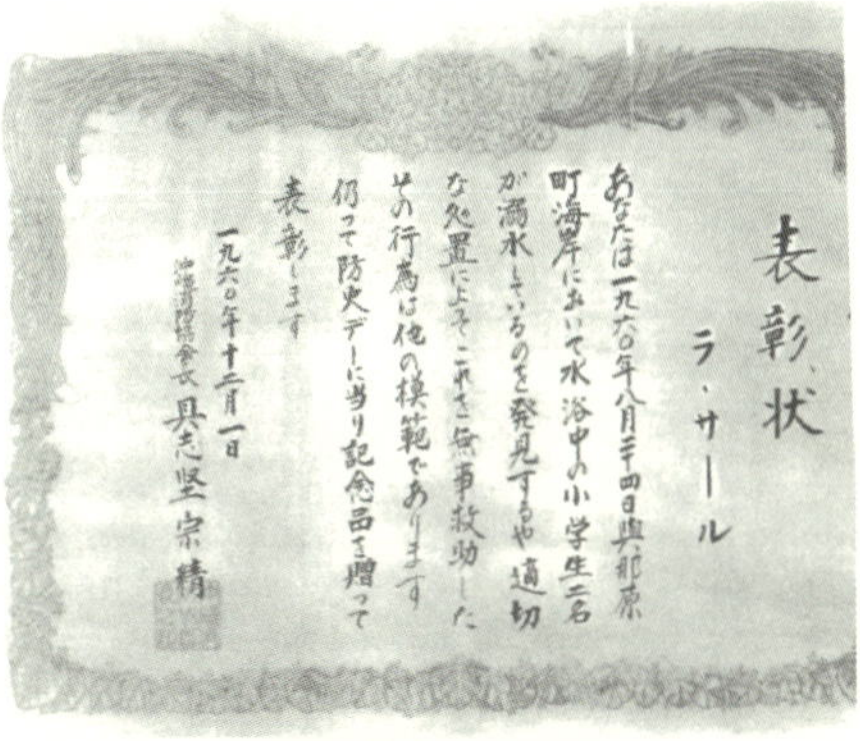
表彰状
ラ・サール
あなたは一九六〇年八月十四日與那原町海岸において水浴中の小学生二名が溺水しているのを発見するや適切な処置によってこれを無事救助した
その行為は他の模範であります
仍って防火デーに当り記念品を贈って
表彰します
一九六〇年十二月一日
沖縄消防協会長　具志堅宗精

表彰状（1960 年）

DECEMBER 2, 1967
Father LaSalle
Profile (13)

琉球大学非常勤講師（1967 年）

首里カトリック幼稚園職員（1968年）

当初の首里の幼稚園の経営、運営には苦労しました。一時期、幼稚園の運営を止めることも考えていました。しかし、出会いとは不思議なものです。スペイン人のホセ・ガルディアノ神父は、大阪で幼稚園の経営の経験がありました。ホセ神父の指導と助言により、幼稚園の運営も軌道に乗せることができました。

その後、ホセ神父は名護教会の主任司祭となり、名護の「うみのほし幼稚園」の設立にも貢献されました。

小禄教会においては、カプチン会の代表を務めるかたわら、新しい教会の建設にたずさわることができました。

現在は、カトリック文化センターの運営を如何に軌道に乗せるかの課題に取り組んでいるところです。

米　寿　・・・・石神司教様
司教叙階10周年・・・・押川司教様
祝
司祭叙階金祝・・・・ラサール神父様
〃　・・・・ルイス神父様
司祭叙階銀祝・・・・大野神父様

平和へのメッセージ　90年代の平和を考える

1フィート運動の会7周年記念集会～沖縄平和サミット～
日時　1990年12月8日
場所　八汐荘ホール
講演「アムネスティー・インターナショナルについて」

小禄教会のラサール・パーソンズです。よろしくお願いいたします。1985年頃よりアムネスティを設置することを企画しました。私を含めて4名で準備会を設置し、1990年にロンドンの本部に正式に登録されました。正式登録までに、5年間を費やしました。私は、アムネスティー・インターナショナルの沖縄グループの代表を務めております。

アムネスティーとは、恩赦という意味です。インターナショナルとは、国際ということですね。このグループは、約30年ほど前にイギリスの弁護士によってつくられた組織です。

「良心の囚人」と呼ばれますが、何も悪いことをしていないのですが、労働組合や学校の先生方が、ただ自分の人権を言論で主張しただけで、時の権力により逮捕され、釈放されないでいる忘れられた囚人に関して、弁護士が新聞で取り上げて報道したところ大きな反響を呼びました。何とかしたいという各方面からの激励を受けて、アムネスティーは始動しました。

アムネスティーの主な活動は、そのような囚人のいる国の大統領や総理大臣に対して、囚人の即時釈放を求めてハガキを送る運動を続けています。地道な活動であり、結果が見えずらいのですが、ハガキを書き、訴え続けます。しかし、活動の結果として、この30年間で何万人かの「良心の囚人」が釈放されてきたという事実があります。

アムネスティーは、弁護士によって設立された経緯から、風説による訴えではなく、確固とした調査に基づいて訴えます。あるいは、調査ができない際には、あなたの国ではそのような囚人がいるとの噂があるので、大統領様には調査の上で、そのような事実があれば止めさせてくださいというような訴えをします。

加えて、「良心の囚人」以外にも人権擁護の運動をしています。アムネスティーは、一切の暴力に反対します。時に、暴力をふるって逮捕されたにしても、その方の正当な裁判を要求します。

そして、三番目の活動として、一切の拷問と死刑制度の廃止を訴えています。弁護士は、客観性を重視します。日本にそのような囚人がいたとすれば、釈放の要求を日本で行うことはしません。これらの問題に関して自国での訴えは行わず、これらの情報を外国に送って、外国から日本政府に対して働きかけるような行動をとります。一つだけ、自国で活動が許されるのは、死刑制度に関して積極的に政府に働きかけても良いとされています。

先般、法務大臣の外人に対する軽率な発言がありました。日本の国際化ということに関して、人権問題に「優しさに満ちた理解を持ちましょう」というスローガンを掲げていました。なぜなら、「私たち日本人は、外国における少数民族の問題について、非常に知識が足りないということで非難を受けています」という内容でした。

私は、怒りました。国際化というのは、自国の足元からスタートするのです。外国の問題を指摘する前に、先ず、日本人の人権に対する意識の乏しさを指摘しないといけないのです。私たちアメリカ人は、自国の人種差別の問題について十分に分かっています。自分の目の前の問題です。自分自身が、すごい差別感をもっているということに気付いていないといけないのです。

新聞の社説に、被差別部落の方々に対する知識をもう少し持ちましょうとのスローガンがあ

ハンセン病療養者の人権問題取り上げる

7日、アムネスティが映写会

来月7日に映画上映会と写真展を開くラサール・パーソンズ代表

世界人権宣言五十周年を記念して、アムネスティ・インターナショナル那覇グループ（ラサール・パーソンズ代表）は県映画センターと共催で十一月七日、ハンセン病療養者の人権問題を取り上げたドキュメンタリー映画の上映会と写真展を那覇市久茂地のパレット市民劇場で開く。

映画は、中山節夫監督の「声なき者たちの証言ー見えない壁を越えて」。国内十二の療養所で暮らす入所者の証言でつづり、強制収容や家族との別離、差別偏見の歴史、実態を映し出している。県内の愛楽園、南静園の映像も収録。先日、国家賠償を求めて提訴した新里広さんも出演した。

上映時間は午後三時と同七時の二回。入場料は大人一千円（当日千五百円）、学割八百円（同一千円）。写真展は劇場ロビーで同二時から七時まで。

パーソンズ代表は「療養所の入所者は、肉親とも切り離され名前も出せないでいる。私たちにとって身近な問題として考えてほしい。世界の状況も同じ。知らん顔は、できない。国際的な世論を高める必要がある」と多くの人の来場を呼び掛けた。

アムネスティ映写会

りました。それ自体はいいことですが、沖縄にはそういう問題がないがために、私たちの意識は非常に足りないとの指摘でした。本当に、そうでしょうか。

私は32年前に沖縄に来て、真っ先に聞いたのは、いかに沖縄に差別が多いかということを耳にしました。「縁談もうまくいかない」。「あの島の人だからダメ」というような言い方でした。校長になれない。あっちの島の出身だからという言い方でした。フィリピンで生まれた方だから、門中の墓には入れないということもありました。ですから差別が目の前にあるということに気付いていないと、外国の社会の仲間入りはできません。

お互いの国の失敗に気付いて、お互いに認め合うということが、本当の意味での国際化への道が開かれていくのではないでしょうか。私たちアムネスティーは、そういう意味で、できるだけ人権問題とか、世界人権宣言についての教育が学校とか地域で行われるよう多くの資料を準備し、提供しています。どうぞ、ご利用ください。

―平和巡礼―

南の光明

今年の教区の目標
若さと生命に満ちた教会をめざして

〒902-0067　那覇市安里3-7-2
カトリック那覇教区本部
TEL.098-863-2020 FAX.098-863-8474
発行人　押川　壽夫司教　1部40円
第三種郵便物認可
http://www.naha.catholic.jp/

(1) 2006年6月1日発行　カトリック那覇教区報 MINAMINO KŌMYŌ　第571号（6月号）

平和に対する熱意が変えられることのないように

――平和巡礼二十回を迎えて――

毎年、慰霊の日に行われる那覇教区の平和巡礼は一九八七年に始まった。二十回の節目を迎えるにあたり、第一回目からの担当司祭を務めるラサール・パーソンズ神父に話を伺った。

平和巡礼が二十回目を迎えることにあたってのお気持ちは

「巡礼」は古代教会の時代から、非常に重要な意味を持つ「お務め」だということができます。カトリック教会としてはエルサレムやローマなどへの聖地巡礼が有名ですが、歩くことによって、自分の心を入れ替えることにつなげるし、また歴史を味わったり、共に歩く人々との交わりを図ることもできます。私たち那覇教区が、こうして6・23の「平和巡礼」を続け、二十回目を迎えることができることを嬉しく思うと同時に、沖縄の信者たちの平和への誓い、決意が継続されてきたことを強く感じます。

平和巡礼の始まりには、どのようなきっかけがあったのでしょうか

平和巡礼は一九八七年に始めましたが、その年そのものは特別な節目にあたるわけではなく、終戦から四十二年目という年でした。ある年、あるキリスト信者のグループが、朝早くから摩文仁に行ってお祈りをしたという話を聞いて、それに参加したカトリックの信者の方々から、カトリックでも何かそのようなことができないか、という提案がありました。そこで、カトリック信者として平和への祈りを体をもって表する巡礼を始めようということになったのです。

「カトリック信者として」とありましたが、カトリックの色というのは、どのような形で示しているのでしょうか

キリスト教はもちろん、諸宗教の方々とひとつになって巡礼を行おうという声もありました。それもとても良いことです。しかし複数の団体と合同で何かを行おうとすると、お互いのやり方も尊重しながらコンセンサス（意見の一致）を得る必要が出てきます。カトリックには独特の「十字架の道行き」という祈り方があります。私としては、この方式を活かしたいと思っています。もちろん、参加して頂く方は誰でも歓迎しますし、これまでもカトリック以外の団体の方々の参加もあります。ただしこの巡礼は、カトリックが主導し、私たちに独特の純粋な祈り方だということに誇りをもちたいのです。

「十字架の道行き」のようにとは、具体的にどのような形で行っているのですか

現在は道中五か所を「留」として、それぞれの場所で当時の体験の証言を聞き、黙想し、祈りと賛美歌を捧げています。ここ十年ほどで、この形式が整ってきました。各留で朗読される証言は、それぞれその場所で起こった悲劇です。たとえば、ひめゆりの塔で読まれる証言では、壕の中で泣いた赤ちゃんを連れ出したお母さんが、一人で帰ってきたという大変にインパクトの強い出来事が語られます。

今後は、その体験が何歳くらいの、どのような立場の方が体験したことなのかを、もっと深く心に留めることができるように工夫したいと考えています。

この平和巡礼の最終地を「魂魄の塔」にしたのはなぜですか

沖縄戦に関する式典では、よく摩文仁の平和祈念公園での慰霊祭が取り上げられますが、私たちはそこまでは行かず、米須の「魂魄の塔」で平和巡礼の最後のセレモニーをします。「魂魄」という言葉は、カトリック風に言えば「諸死者」ということになると思います。「魂魄の塔」は戦後まもなく地域住民によって建てられた慰霊碑です。当時、辺り一帯に横たわるおびただしい数のご遺骨を、「今は敵も味方もない」という信念で一つの場所に葬ったそうです（碑文より）。ですから、そこには、人種や宗教などのすべての枠を越えた無名の犠牲者が祀られていることになります。そういう意味で、私たちの平和巡礼の最終地は、この「魂魄の塔」がふさわしいと思うのです。

最後に、この巡礼に対する神父様の思いを聞かせてください

カトリックで言う「諸聖人の通功（聖徒の交わり）」のように、巡礼では、亡くなられた方々と心と心の通い合いができると思います。この方々が流した涙を無駄にしないように、なんとか殺し合いのない世界をつくることができないかという願いを込めた巡礼にしたいです。

確かに、「祈り」は人の心を変えることができるかもしれません。しかし私自身としては、誰かの心を変えるというよりは、「平和に対する私の熱意が変えられることがないように」という願いもこめて、今年も歩きたいと思っています。

南の光明2（2006年6月）

「自由になる」が理想

アイルランド系アメリカ人。いつも「政治ほど汚い仕事はない」と語っていた父が、12歳の時に亡くなった。政治家に、と願ったが、どういうわけか、キリストとの出会いがあった。父は、「15歳になる前に、国の首都を見ておくべき」という教育で、母は私をワシントンDCに行かせたが、現地の教会の売店でたまたま『イミタチオ・クリスティ』（キリストに倣いて）を手にとったのです。これは、私の宗教体験。直接世の中に関わるなら、キリストの心の友として生きるのがいいと思った。

長男（長兄）がカプチン・フランシスコ会に入って自分も勧められたが、他人から言われたことは、やりたくない性格。宣教師になろうと、大学2年までメリノール宣教会にいてとても良かった。でも聖フランシスコを知り、彼が理想に。宣教する宣教会と、フランシスコに倣うフランシスコの会。やり方か、生き方か；迷ったが、フランシスコに倣うことに決めた。

フランシスコは、非常に自由な人間ですね。型にははまらない。シンプル。理想に倣えたか、考えるのが毎日の課題だが、もう82歳。これだけ残して人生閉じた、と言えるようなものがほしい。

私たち（沖縄の場合）は、平和教育。「いい宝」がありながら、教会は大切にしていないね。「キリストの平和」は、信頼する心から。相手も自分も自由になる。これは大切、と思うことに没頭できるようなことです。日本は非武装。これはキリストの平和なのに、武力で解決するという米国の妄想に人々は惑わされている。武力は、相手は危ないと言う恐怖心。自分には限界があるから、キリストの心をつかめるように真剣に考えること、大事じゃないか。

1947年、カプチン会は、琉球列島（現・沖縄）の司牧を委託されましたね。異文化交流の勉強もせず、白紙で来た。私は、沖縄で付き合っている諸宗教者から「なぜ（沖縄に）来た？」と言われた時、「来たから来た」としか言えなかった。沖縄を救う、という気持ちはない。私は選ばれた（任された）ことをやる。1958年から沖縄。沖縄が好きで、みなさんが私を好きで、受け入れられた気持ち。私が選んだというより、沖縄の人たちに受け入れられたから。

沖縄慰霊の日（6月23日）の平和巡礼の責任者だが、もともと私のアイデアではなかった。国連総会で（日本の被爆者が）核兵器廃絶を訴えた82年の慰霊の日に人が大勢来て、那覇の教会や通りを行進。カトリックとして何か行動になればと思った。86年に本島南部の摩文仁（まぶに）の丘まで16キロ、ロザリオ唱えたりして歩いた。提案を受けながら、今の形に。誰でも参加できるものにしたい。

ラサール・パーソンズ神父（82）
〈カプチン・フランシスコ修道会〉

カトリック新聞（2013 年 10 月 13 日）

祈りと平和の集い（2015 年 8 月 15 日）

心の教育を考える

魂を見つめる教育を

今、生きる意味を問う

崎山 崇源 老師

宗教的情操は必須

初めに人間性ありき

崎山 崇源

刹那的で感覚的な欲望の満足だけを幸福だと勘違いし、それを虚無的に追い求めようとする現代人の姿には危惧の念すら感じざるを得ない。

僭越ながら思うことは、我が国のモラルを現在のように混乱させた原因は「初めに人間性ありき」こそではなく、「初めに知識ありき」の教育を優先してきたことも特筆すべき一つではなかろうか。

精神医学者で心理学者のスイスのユングは「二十一世紀は影との闘いだ」と言った。つまり彼の言わんとするところは、現在の心の荒廃を救うには現代に生きる私たちの目を心の深層部に向け、その深いところに限りなく迫ることが必要であり、そこで初めて失ったものが見えてくる—ということではないだろうか。

今こそ私たちは謙虚に自己を省み、真の自己確立に向かって努力すべきではないかとつくづく思う。

そのためには宗教的情操は不可欠です。

つまり特定の宗派宗教ではなく、最も人間の根源的な覚醒への道を追究する方法である、宗教への理解と宗教教育が当為の問題として必要不可欠な事であると信じてやまない。

イギリスの歴史学者アーノルド・トインビー博士はいみじくも「人類の危機を救うものは、最も高度なヒューマニズムに基づく、宇宙的宗教意識である」と言っている。宗教と言わずに宇宙的宗教意識という言葉を用いているところに、博士の深い思いがうかがえる。

ものの真相を見、自己の真相を徹見して初めてわれわれは正しい判断と洞察力も生まれよう。三月十七日の新聞朝刊の『現論』に柳田邦男氏も言っておられる。「現代が直面している日々の事件や問題の根底にある本質的な問題は何か、を見抜く力が求められている。今日ほどそういう見抜く力を求められている時代はなかろう」と。

全く同感である。それだけに人間教育は先ず、ものを深く見極める心を養うこと、つまり人間の生きる意味を問いつつ、人間にとって何が一番大事であるかを、明確に捉え、ほんとうに生きている魂を見つめる教育こそ何よりも優先させるべきではなかろうかと、思われてならない。

意識の革命、要するに大人の個々人の価値観の切り替え、大人が変らねば子供を変えることは金輪際不可能であり、百年河清を待つであろう。

教育の本質を本気になって考えないで、唯目先のものだけを追い求めるような国柄となってしまい、今日のヘドロ状態を作ってしまった。「国家の品格」の著者、藤原正彦氏は「憂国対談」というテレビ番組で、今の日本の状態を「腐ってしまっている」。元総理大臣の中曽根氏は「危篤ではないが重症だ」。評論家の竹村健一氏は「まだ脈はある。しっかりやれば」と言っている。私としては「風前の灯だ」と言いたい。

さあ、ではどうその風を防ぐか、それが問題だ。

物質文明と精神文化のバランスと融和こそ、人々の幸福と人類の真の平和の道である。

人生の目的を人格の完成と定め、この道に入ってはや六十数年、その間今日まで移ろい行く日本を見てきて思うことは、昨今の混乱ぶりは目を覆うばかりである。私はその元凶こそ教育の中に「宗教教育の欠如」をありありと感ずるものを否定できない。「人生如何に生きるべきか」を問い、真の自己を求めて生きる宗教心を持った人の多い、そのような日本人を育てるべく、学校で宗教心を教えられる世の中にすることこそ、私の最大にして最深の使命であり、限りなく求めて行きたい切なる願いでもある。

〝わが心深き底あり
よろこびも憂いの波も
とどかじと思う〟
（西田幾多郎）

心の教育を考えるシンポジウム　崎山崇源老師

宗教心を養う

ラサール神父

あなたは、「今」そして「生きる」ということに神秘の念を持っているかどうかという問題を提起したいと思います。この世の中、さまざまな問題が起っています。政治、経済、教育、平和、戦争、基地などさまざま問いかけがされていますが、これらすべては「生きる」ことにつながっている。残念なことに「生きる」という問いかけがうまく伝わっていない。それは何故か。日常の中で政治と宗教がタブー視されているからです。このことについて、私は長いこと崎山老師とともに語り合ってきました。

生きることの問いかけは、科学の世界でも哲学の世界でもありません。神秘の世界、それを教えてくれるのは宗教心です。(神父はさらに教育には魂の教育、宗教教育の必要性を力説し、絶叫された。その情熱あふれる言葉に会場は感動に包まれた。)神秘の念を目覚めさせるのは宗教の心。それを培うことが、今こそ必要なのです。

アインシュタインの言葉

「もし、永遠をつらぬく大宇宙の神秘な心を瞑想し、その法則を少しでも理解していく神秘感というものも、宗教の一つであるというならば、それだけで自分は十分である。もしこれを宗教というならば、私は宗教を信じている。神秘なるものこそ、私たち人間の表現できる至高の美だ。神秘なるものこそ、あらゆる芸術と科学の源泉である。実に大宇宙の生命の神秘を直感することから宗教が生まれる。

プロフィール

崎山 崇源（さきやま そうげん）

1921年	那覇市に生まれる。
1949年	仏門に入る。
1960年～75年	梅林、妙心諸僧堂を経て、鎌倉円覚寺僧堂で朝比奈宗源老師に師事。
1970年	ロスアンゼルス、ニューヨークなどで3年間禅の指導。帰沖後、那覇市首里に興禅寺禅堂を建立、今日まで指導に当たる。
1981年	朝比奈宗源老師に嗣法。
1985年	那覇市内で喫茶説法「般若の会」を創め、現在に至る。
著書	「静か心と縁なき」

ラサール・パーソンズ

1930年	ニューヨーク州、ヨンカーズ市生まれ。
1958年9月	来沖。
1958年6月	聖マリア大学神学院卒業（カトリック司祭資格）
1965年6月	シートンホール大学院卒業（アジア学修士号）
1960年4月～70年3月	琉球大学英文科非常勤講師（英会話）
1964～97年	首里カトリック教会主任司祭を振り出しに、小禄、与那原諸教会を歴任。
1997年	小禄カトリック教会主任司祭に就任し、現在に至る。
社会活動	アムネスティインターナショナル那覇グループ第115代表者 沖縄人権協会理事 沖縄・生と死と老いを見つめる会（ラザロ会）代表者

稲葉 耶季（いなば やすえ）

1942年	東京生まれ、両親はプロテスタント教会の牧師
1967年	東京大学経済学部経済学科卒業
1969年	同経営学科卒業 東京都庁に就職
1974年	司法試験合格
1977年	司法研修所を経て静岡地方裁判所判事補となり、以後、名古屋、群馬等に勤務する。
1993～99年	那覇地裁判事、横浜地裁判事
1999年～2006年	琉球大学法文学部教授・同大学法科大学院教授
2006年	那覇簡易裁判所判事。
1980年代より	チベット、インド、モンゴル等を歴訪し、ネパールに稲葉学校創立。チベット仏教を研究。現チベット文化研究会員。

心の教育を考えるシンポジウム　ラサール神父

自然の法に従い生きる

稲葉 耶季 教授

何をしたというよりも、どのように存在していたいのか、自然の命ずるままに生きたいと私は考えています。

自然の流れに逆らうと、人間は苦しみや不幸や悲しみが起ります。例えば学校へ行きたがらない子供がいたとします。ほとんどの親は、わがままでさぼっていると子供を無理矢理学校へ行かそうとします。しかし、それは大きな間違いです。学校へ行こうとすると腹痛を起こしたり気持ち悪くなったり、体が拒否反応を示すのは自然の流れです。トゲトゲしいエネルギーの中に身を置くことは、心身症など気の病を引き起こす要因になってしまいます。心の奥深く、本当にやりたくないと思うのは天の声です。そんな天の声に逆らうことは不自然です。

逆に、ある人に会ったり、あることに没頭しているときに、心が高揚したり、楽しいと思うのも自然の流れです。例えそれが金儲けにならないとしても、仕方のないこと。お金が入らなければ、家賃も払えない、食べ物も買えないと思うかもしれませんが、自分が楽しんでいれば、不思議と生きていける。それが真理だと思います。

やんばるなど気の発する場に身を置くと、心が高揚します。頭上を見上げれば、こずえから差し込む太陽の光が心地よく、野鳥の声に耳を傾け、土を踏む感触を味わい安堵します。やんばるではバクテリアでさえ、土を作る貴重な生き物であることを実感させてくれます。しかし残念ながら、そんなやんばるの自然が、乱開発により壊されてしまっています。木が伐採され、土はコンクリートで覆われて、鳥の声を聞くことも難しくなってしまっています。「自然の法」に反している行為に人間は気づいているのでしょうか。自然の法とは人間の低い知識やレベルで生まれたものとは違います。自然の法に従い生きることこそ、人間の本質だと思います。自然の法に逆らう今の世の中に生きていて、子供たちは本当に幸せなのだろうか、楽しいのだろうかと思うのです。

私は快適な場を求めて、3000メートルの高地、ヒマラヤに登ります。何をするわけでもない。ただそこに居るだけで安らぎを自然のエネルギーを全身に感じるのです。

生命エネルギーに満ちている人はまわりに良い影響を及ぼします。その反面、不幸な人はまわりを助けることができません。子供が虐待を受けるということは、その親が不幸だからです。幸せに存在することこそ、まさに生きているということ、天から与えられた人間のあるべき姿です。花も木もバクテリアも人間も含めた生命エネルギー、これに気づくためのプロセスとして、私たち生き物はこの世に生かされているのだと思います。

心の教育を考えるシンポジウム　稲葉耶季

ラサール神父と「沖縄・生と死と老いをみつめる会」

琉心会　介護老人保健施設「あけみおの里」施設長　石川 清司

【はじめに】

個人的には、ラサール神父さんとの出会いは、私の名護高校時代に遡ることができます。カトリック名護教会創設前のことで、名護高校の校舎の裏手に伝道所があった約50年も昔のことでした。比嘉高哲氏（故）が伝道士として布教の任務についていた頃のことです。比嘉氏は、「沖縄・生と死と老いを見つめる会」の前身の「ラザロ会」の組織づくりに尽力され、初代の理事を務められました。

伝道所の時代からカトリック名護教会の設立となり、初代主任司祭としてスペイン人のホセ・ガルディアノ神父さんが赴任されました。個性豊かな、情熱的な神父さんでした。ギターを趣味とし、近所の主婦連と〝模合〟をしていたのが印象的でした。

神父さんにとっては、模合も一つの布教の手段だったのでしょう。現在、小禄教会で活躍中の久保田富雄助祭が名護教会の若者の指導に当っていました。

私は高校時代の教科で、ことのほか興味を抱いたのは「倫理学」でした。哲学、宗教に興味をいだき、伝道所に立ち寄っては宗教関係の図書を貸してもらって読んでいました。

出会いとは真に不思議なものです。倫理学に興味を示した生意気な高校生には、名護教会の設立者、ホセ神父さんは適任でした。高校時代に毎週、週末には司祭館を訪ねたのです。私は、当時の公教要理のテキストを用いませんでした。いつも、2ないし3題の質問を用意して出かけました。

大学で哲学の講義を担当した経験を有するホセ神父さんは、タイプを叩きながら、仕事の手を休めることなく、理路整然と私の質問に答えてくださいました。思い出してみても、一高校生の単純な質問でした。しかし、神父のその魅力に引き込まれていったのを記憶しています。

ただ一つ、長い間、心の片隅に疑問として残ったホセ神父さんの言葉がありました。

それは、「石川君、宗教は哲学的に勉強しないといけないよ」という表現でした。その当時においても、私は田舎のお年寄りの方々の純真な信仰は、難解な哲学的な思索に勝るのではないかと考えていました。

半世紀が経過し、最近、私はホセ神父さんの言葉が自分なりに理解できるようになった気がします。それは、「哲学的に」の表現を「理性的に」という言葉に置き換えて考えるようになったからです。

青年宣教師ラサール神父さん、ルイス神父さんとの出会いは、まさに当時のことでした。しかし、私の岡山大学への進学があり、約15年間の空白の期間が過ぎ去りました。

【ラザロ会の歴史】

1995年7月23日（日曜日）、那覇バスターミナル向かいの自治会館において、ラサール神父を代表とする「事前指定書と遺言状作成を考える実行委員会」主催による「治療事前指定書」と「遺言状」の作成を考えると題したシンポジゥムが企画されました。講師は私と弁護士の永吉盛元氏、浦添総合病院の宮城敏夫院長でした。宮城院長は当時、病院の方針としてLet Me Decide「自分で決める自分の医療」の運動を

ポスター・避けられない道（1995 年）

展開していました。反響は大きなものがありました。

その後、ラサール神父の思いと重なり、勢い「生と死を考える会」の結成へと突き進んでいったのです。当時、上智大学のアルフォンス・デーケン先生の指導のもとに、全国各地に「生と死を考える会」の地方組織がつくられていました。この会の主たる目的は、「死」をタブー視することなく、あえて「死」を直視することにより、今を如何に生きるかを考えることにありました。

１９９６年5月25日（土曜日）、午後2時、安里カトリック教会における「沖縄・生と死と老いをみつめる会」の発足式・総会の場面から、ラザロ会の足跡をたどることにより、ラサール神父の情熱とその想い出について語ってみたいと思います。

総会では、「生と死を考える会」全国協議会会長のアルフォンス・デーケン先生からのお祝いのメッセージも届けられました。初代理事は、五十音順で石川清司、下地武子、多和田真順（故）、仲大底利子、仲宗根和則、比嘉高哲（故）、山城正常、ラサール・パーソンズとなっていました。

１９９６年2月、私は「ローカルな死生学各論」という小著を出版していたため、その出版祝賀会も兼ねての発足式でした。拙著を読み返してみると、「ローカルな死生学」における私の悩みは、外科医としての悩みそのものでした。患者さんとその家族に正確に病名を告げることのできなかった当時の社会の風潮に起因したものでした。経済優先の合理主義社会は、人間の「死」を敗北と受け止める雰囲気になっていました。

総会の趣旨も、沖縄における「生と死と老い」の問題をタブー視するのではなく、より積極的に取り組むことにより、「死生学」や「死への準備教育」を広く普及し、「やさしさと思いやりの心の輪」を広げることにあったのです。

ラサール神父と私の暗黙の了解として、根本には「死」を直視することは、「宗教」「信仰」の問題を避けて通ることはできないとする大前提があったものと思われます。ラザロ会の設立後、定期的に学習会が開催されました。

1996年7月26日（金曜日）のテーマは、「道ゆきて・ある僧侶の1年」と題したビデオの鑑賞の後に、安楽死の問題についての討論が行われました。

1997年5月31日（土曜日）。発足から1年。那覇市内の八汐荘を会場に、安谷屋喜子さん（故）の司会で創立1周年の記念講演と総会が行われました。

1997年9月27日（土曜日）。JA会館　那覇農協会館において、「脳死がわれわれに問いかけるもの」と題してシンポジウムが開催されました。仲宗根和則先生の司会で、興禅寺崎山崇源老師、琉球大学法文学部の田中朋弘先生、那覇第一法律事務所の永吉盛元氏、琉球大学法文学部浜崎盛健先生、琉球大学医学部脳神経外科助教授の宮城航一先生が演壇に立たれました。臓器移植の問題と関連して、〝脳死は人の死か？〟という問いが投げかけられていた世相でした。

１９９８年２月14日（土曜日）、宜野湾市民会館大ホールにおいて１２００人の聴衆を集め講演会が開かれました。講師はベストセラーとなった「病院で死ぬということ」の著者、東京・桜町病院ホスピス科長の山崎章郎先生と上智大学のアルフォンス・デーケン先生でした。

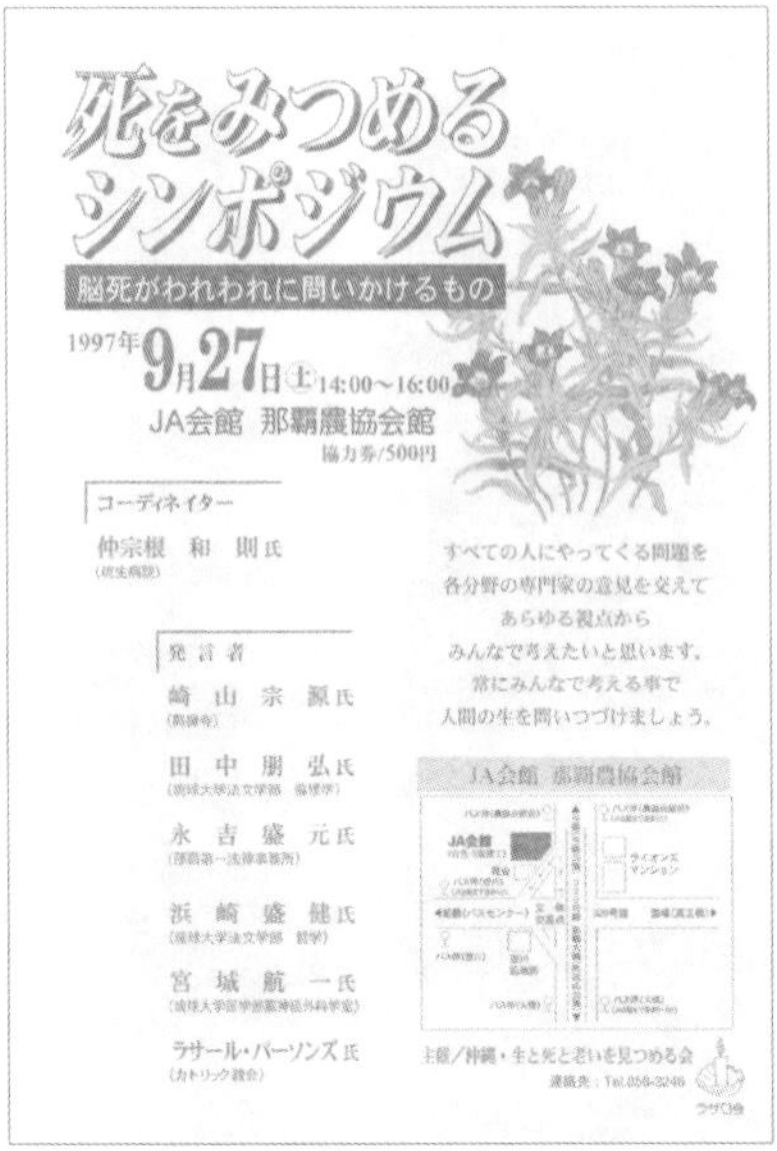

ポスター・死を見つめるシンポジウム（1997 年）

講演に先立って、筋ジスと闘いながら音楽活動を続けていた国立療養所沖縄病院の「ニース」のオリジナル曲の演奏があり、聴衆に感銘を与えました。準備されたニースのオリジナル・アルバム「SOME DAY」の完売に、西平直樹、謝花勇光、謝花

大講演会　山崎章郎先生　1998 年

大講演会　デーケン先生　1998 年

大講演会　ニース　1998 年

勇武のニースの三人組の歓声が耳に残っています。

翌日、デーケン先生は北部地区医師会看護学校の講堂においても講演をされました。

１９９９年２月27日（土曜日）。沖縄コンベンションセンター劇場棟を会場に、作家の山本七平氏夫人、山本書店店主山本れい子さんの講演「七平ガンとかく闘えり」が行われました。

１９９９年６月26日（土曜日）、那覇女性センター、とまりん５Ｆの学習室において第４回の総会と講演会が開催されました。介護保険法の実施に先立って、その認識を深めるために、琉球大学医学部保健学科地域看護学教室の小笹美子先生による「介護保険法を考える」というテーマでの解説があり、討論が行われました。

2000年の時点での理事会は、ラサール代表、石川清司事務局長、仲宗根和則補佐、永吉盛元補佐、稲国安尚、大江八重（故）、志良堂仁、多和田真順（故）、仲里幸子、保良昌徳の各理事より構成されていました。「語り合いの会」を中心に活動が展開されていました。

2001年5月19日（土曜日）、第6回の総会が開かれ、その基調講演として興禅寺の崎山崇源老師の「生きる心」と題して、ラサール神父との出会い、絶対的自己をみつめる心、深い呼吸、祈りと瞑想等について、分かりやすく、和やかな雰囲気での講話が行われました。（講演の内容については、本書の想い出の記録に全文掲載）。

2002年3月16日（土曜日）。那覇市内、沖縄青年会館において「ニースの音楽と比嘉信子さんの心の世界」と題しての演奏と講演会がもたれました。その感想を綴った沖縄タイムスの次のような記事があります。

〝病気、障害があるから不幸ではない。健康な人でも不幸な人がいる。結局、幸せか否かは自分で決めることなんです。先日、那覇市内で催された福祉コーディネーター比嘉信子さんと筋ジストロフィー患者の三人組、ニースの演奏会と講演会。その四人の座談会は、障害とは何かをあらためて考えさせると同時に、逆に健常者にこそ必要な精神面のバリアーフリーを痛感させられるものだった〟。

2002年5月25日（土曜日）、第7回の総会において、弁護士の永吉盛元氏の「安楽死」について考えるというテーマでの基調講演が行われました。時は、川崎市の病院における筋弛緩剤による安楽死の問題がマスコミを賑わせていたその時でした。「安楽死」か「慈悲の殺人」かで議論がなされました。（本書の想い出の記録に全文掲載）

2003年7月5日（土曜日）。小禄カトリック教会のホールにおいて第8回の総会がもたれ、総会の後でギタリスト、ペトロ・ショウーケン大城氏のギターリサイタルが行われた。大城松健さんは、5年前に直腸がんを患い、手術を受け療養生活を経た上での音楽活動への復帰の意欲をみせ、聴衆に感動を与えました。現在も精力的に活躍中です。

２００３年11月18日（火曜日）、小禄カトリック教会を会場に、「人生のリフォームをしてみませんか？」と題しての勉強会が４回シリーズで組まれました。そのスタートは、県立精和病院院長の中山　勲先生の「第３の人生」でした。中山先生は、講演の最後を「よく生きるとは、生き生きと老い、病んでくじけず、安らかな死を待つこと」とする日野原重明先生の言葉で結ばれました。

第２回は「愛をさがそう」：ラサール神父（本書に全文掲載）、第３回は「中年以降の健康管理」：石川清司、第４回は「自然に帰ろう」：仲宗根和則先生が担当しました。

２００４年６月11日（金曜日）、パレット市民劇場において第９回の総会が開かれました。

当時、筋ジスと闘う音楽グループ「ニース」の面々は、セカンドアルバム「ことば」をリリースしていました。その記念コンサートとして〝NIY-S（ニース）の音楽と「ことば」の世界〟というタイトルで演奏会がもたれました。キーボードの西平君の筋力はかなり落ちていて、一抹の不安を覚えたのは誰もの感想でした。しかし、彼はユーモラスに語りを加え、演奏を成し遂げたのです。公の会場での彼の最後の演奏となりました。

２００５年６月11日（土曜日）。第10回の総会と講演会が開催されました。基調講演は、弁護士の永吉盛元氏が担当され、「初めて学ぶ憲法～生と死の観点から～」というテーマで行われました。

２００５年８月12日に理事会がもたれ、地道な活動を続けてきた「語り合いの会」の休会が決定しました。諸般の事情によるものです。そして、新たに「命」をテーマにした学習会の開催が企画されることになりました。

２００５年10月14日（金曜日）、県女性総合センター「てぃるる」で講演会が開かれた。永吉盛元氏の「生と死と老いについて」というテーマでの講演会が開催されました。憲法にうたわれた「個人の尊厳」の基本的な問題とユーモラスに語られた「･･･とんでもない遺言」「死はカラスが教えるもの」等のユーモラスな解説の中に、死を回避することばかり考え、受け入れることを忘れた現代人への警鐘を鳴らした講演でした。崎山老師のコメントがあり、会場をうめつくした聴衆に、なごやかさの中にも基本的な命題を突きつけた講演会でした。

２００５年、冬。「沖縄・生と死と老いをみつめる会」が諸般の事情により冬眠に入ります。

全国組織としての「生と死を考える会」も分裂し、中央の傘下にあった地方組織は個々に地道な活動を展開することになりました。基本的な命題、「生・老・病・死」に関する考え方は、永遠のテーマであり、かつ多面的な切り口からとらえられるため、分裂もまたあり得ることとして受け止めなければならない性格の組織かもしれません。

長年にわたり理事として組織を支えてこられた多和田真順氏、大江八重さんが故人となられた。ご冥福をお祈りいたします。

【ラサール神父の体調】

「沖縄・生と死と老いをみつめる会」の冬眠の間、神父さんは数回の入退院を繰り返されました。ちょっとした過労で、下腿に血栓性静脈炎をきたします。高熱をきたす病態です。そのほかに、睡眠時無呼吸症候群があり、就眠時は鼻マスクの人工呼吸器で治療が行われています。しかし、神父の基本姿勢は、一貫して「病んでくじけず」です。南国の楽観主義に相通じるものがあるような気がします。

「自分の命のことで何をたべようか何を飲もうかと、また自分の体のことで何を着ようかと思い悩むな。命は食べ物よりも大切であり、体は衣服よりも大切ではないか。空の鳥をよく見なさい。種も蒔かず、刈り入れもせず、倉に納めることもしない。（略）……お前たちのうちでだれが、思い悩んだからといって、寿命をわずかでも延ばすことができようか。（略）……明日のことまで思い悩むな。明日のことは明日自らが思い悩む。その日の苦労は、その日だけで十分である」（マタイ6・25―34）。

聖書の中の一場面。私は、この場面は沖縄の「なんくる」の精神に相通じるものがあると信じています。しかし、この「なんくる」が誤って用いられている現代の世相が気になります。「なんくる」には接頭語があり、「まくとぅ（誠）そうれ」……「なんくるないさ」なのです。誠実に生きておればこそ、「なんくる」なのです。接頭語を忘れたフリーターを気取る「なんくる」は、真の「なんくる」ではないと思います。

ラサール神父はウチナーンチュ（沖縄県人）です。ごくごく自然に生きて、語られます。病（やまい）も、老いも自らの友として。

２００７年12月15日、突如、「みつめる会」が目を覚まします。安里教会において臨時総会が開かれ、再出発の扉が開かれました。基本に立ち返り、アルフォンス・デーケン先生の「死とどう向き合うか」のビデオ、全12巻の学習をスタートさせることになりました。

興禅寺禅堂の崎山崇源老師を顧問に、ラサール神父を組織の代表として、毎月の第四土曜日に「話題提供」と「語り合いの会」が開催され、地道な市民運動として定着しています。通称「みつめる会」も、会員の高齢化に伴い、前半10年の勢いは無くなりました。

時代は、「がん」対策が問題となり、多くの患者会が組織され、精神的ケアの重要性が指摘されて、個々に対応した支援組織が積極的に活動を展開しています。多様化した種々の組織とは異なり、病気になってから、老いてから考えるのではなく、「生と死と老いをみつめる会」は、健康な日常生活の中において、これらの問題を直視し、考え、互いに語り合い、如何に生きるかを追求し続けています。

重たいテーマにしては、明るい雰囲気での語り合いは、まさしく顧問の崎山老師と代表のラサール神父の思想と人柄に裏打ちされ、その人生経験から醸し出す人徳によるものです。感謝。

【むすびに】

ラサール神父の想い出を、「沖縄・生と死と老いをみつめる会」の足跡でたどって綴ってみました。すべては神父のあの情熱と牽引力によるものでした。ウチナーンチュ・ラサール神父の南国的楽観主義「しわさんけー（心配するな）・なんくるないさ（自ずと道は開ける）」の精神に支えられた活動でした。

85歳、高齢ですが、気持に衰えはありません。若さそのものです。多くの隣人が、神父の手となり足となり、語り続ける神父の衰える体力を支えてください。

現実の社会は、「生と死と老いをみつめる」社会ではなく、命がかくも粗末に扱われる社会になってしまいました。ラサール神父の思いは、病める現代社会にこそ必要な処方箋なのです。

「みつめる会」講演2題

1.「生きる心」

興禅寺禅堂堂主 崎山崇源老師

沖縄・生と死と老いを見つめる会 講演２００１年5月19日

皆さん、こんにちは。ただいま、ラサール神父さんより大変恐縮なくらい、おもしろいご紹介を頂きました。自らを「ウランダ坊主」という、ユーモアのある神父さんで、私の一番大好きな方です。

私は、禅宗坊主です。ラサール神父さんと最初にお会いしたのは、クララ修道院のシスター上間さん、シスター平田さんとのご縁がちょっと先で、それをきっかけに、私のところに出入りしていた真境名君の結婚式で初めてラサール神父さんにお会いしました。

それから、私のところにわざわざ訪ねて来てくださり、これが7〜8年前、いやもっと前で14〜15年も前のことでした。その時に貧乏という話が出て、私の「宗教家というのは、貧しいほどいいんだ」という一言が、大変お気に召したようで、その時の神父さんの目の輝きは非常に印象的でした。わが意を得たり、そのとおりだと、本当にいきなり拍手でもせんばかりに感謝をしていたわけです。

最初はご遠慮なさって、私のところへあまりおいでにならなかったのですが、ラザロ会をきっかけにして、私のほうがおじゃまさせて頂くことになりました。この「生と死と老いをみつめる会」は、最初は多分、「生と死と老いを考える会」という名称でしたが、「頭で考えるよりは、見つめるほうがいいんじゃないでしょうか」と提案したら、すんなり、素直にお引き受けくださって、このような名前になったわけです。

逆に、先日「心の教育を考える」というシンポジウムのこの「心の教育」ということについて、逆に今度は、「教育の心」がいいんじゃないかとのアドバイスを頂きました。なるほどと思いまして、今度の場合は「教育の心」に切り替えてみようと思っている次第です。

そういうふうないろいろな波がありまして、神父さんの亡くなったお兄様のミサに参加させていただいた時に、大変光栄なお言葉をいただきました。「私は、崎山和尚とは兄弟のようだ、兄弟のように思っている」と言われたのでとても嬉しくて、それじゃー「二人は、兄弟の杯を交わそうじゃないか」ということで、深いご縁になったわけです。

崎山崇源老師

とても楽しいです。私は、月に一回のラザロ会には、つとめておじゃまさせていただいています。皆さんの明るい笑顔のある、ほんとに屈託のない笑顔が、神父さんを中心とした会員の方々との語らいの内容が楽しいんですね。何を言ってもすぐ笑うもんですから、「笑いの会」にしたらいいんじゃないかと、冗談で言ったくらいなんです。それぐらいユーモアがあって、これもひとえに神父さんのお人柄の賜でもありますし、キリスト教の方々の明るさだと私は思っているわけです。

どうも私自身は、深刻過ぎて暗くなりがちで、頑なになりがちなんですね。それを受け入れてくれるのは、誰よりも神父さんであり、ラザロ会の方々です。時々思うのですが、私は仏教なのかキリスト教なのか訳が分からなくなってくるんです。講演を頼まれた時に、「和尚さんは、話の仕方が、牧師さんか神父さんみたいですね」とよく言われます。

「貧しき者は幸いなり」。この言葉はすごいんです。これは、仏教の言葉にしますと、「足るを知る」、「満足することを知る」ということです。「足るを知る者は富める」。本当に最低限度の貧しい生活でも、常に「名もなく、貧しく、美しく」あるということです。ご存知の方もいらっしゃると思います。映画がありましたね、あの心なんです。これは多分、「貧しき者は幸いなり」、いわゆる貧しければ貧しいほど、何が大事か、人間にとって何が大事かということが分かってくるんですね。

「男の美徳は、捨てる事だ」と言った人がいます。なるべく貧しく、一切を捨てる。その代り、女性には贅沢をさせる。それが男のほんとの使命だと。「すごいこと言うな〜」と思いましてね、なぜならば、男というのは質素でなくてはいけない。質素ということは、余計なものをどんどん捨てていく、そして最後に残るものが「真実」なんですね。何が人間にとって最も大事なことであるかを教えてくれるというんです。捨てることによって……。ですから、禅では捨てて捨てて捨てて捨てきってしまう。地位も名誉もですね。

これは、持っているものを捨てなさいというのではなくて、「むさぼるな」ということです。限りない欲望を、適当にコントロールする。心のセルフコントロール、自らをコントロールできる力を作りなさいという意味なんです。

チャプリンという人は、人生において大事なのは、「愛と勇気とサムマネーである」と言っています。サム、いくらかのと申しますのは、使う分だけのお金、必要な分だけの物質的なものを持つ。余計な物を持つなという意味なのです。そこから本当の喜びが、心の豊かさが生まれてくるという意味なんです。ところが現代人は、できるだけむさぼる、できるだけ豊かに、という方向にだけ目を向けている。もちろん、豊かさにこしたことはありません。それがですね、「貧しき者は幸いなり」という言葉には、深い意味があると思うのです。私は、素晴らしいことだと思います。

植木等という方がいらっしゃいましたね。この人はお寺の次男坊なんですね。お兄さんは南洋で戦死なさって、彼がお寺のあとを継がなければならない立場にあったわけです。お母さんにはいつも、「おまえは、お寺のお坊さんになるんだから決して喧嘩をするんじゃないよ。どんなに憎らしいことでも、我慢して相手を許してやるように」と言われていました。ある日、友達と喧嘩をして、向う脛にケガをして、血が出たんですね。「辛抱するんだよ、相手を許すことは大変素晴らしいことなんだよ」という母親の言葉を守り、歯を食いしばって家へ帰ってきたんですね。お母さんは、等の足を暖かいお湯で拭きながら、「よく我慢してくれたね、よく我慢してくれたね」と涙をこぼしながら足を拭いてくださったということを生涯忘れないと言うんですね。そのようなお母さん、お父さんは、貧しい人のところだと、夜どうしでも歩いて行ってお経を読んであげたそうです。貧しい人ほど目を向けてあげないといけない。弱い人ほど近づいて行ってあげないといけないという考え方をもって、彼が生まれたときに「平等」の「等」をとって「ひとし」と名付けたそうです。

ところが、幸か不幸か彼はお坊さんにはならず芸能界に入ります。入っちゃったんですね。音楽が好きになっちゃって。ある日、プロデューサーから、「おい、お前これを歌ってみろ」と言われて、一枚の歌詞と楽譜をもらいました。見ると、「こんなくだらんものを歌えというのか」との思いでした。「まあー、あわてる必要は無い。家に帰ってゆっくり考えて、明日にでも明後日でもいいから返事をくれ」と言われて、ポケットに入れて家に帰って、「オヤジ、こんな歌を歌えというんだがどう思う?」と見せたら、オヤジはジーとみて、「ウンこれだ、お前の歌える歌は。この文句の意味が見えないのか」と言ったそうです。どいう文句かというと、例の「ワカッチャイルケド　ヤメラレナイ」です。「これは宗教の本質だよ」、と言われたので、「オヤジがそう言うのならやってみよう」と言って歌いだしたんだそうです。それが、「スーダラ節」なんですね。ご年配の方々はご存知だと思いますが。そいうエピソードがあるんですね。彼がなぜ、あの歌を歌うようになったかには。

「ワカッチャイルケド　ヤメラレナイ」。これが最高の、人間にとっての問題なのです。私は、毎日それに向かっています。「ワカッチャイルケド」怒るまいと思いながら、ついカッとなり、嫉妬をおこすまいと思ってもすぐ嫉妬をおこす。それでまた、やらなければいけないことをやらない。ちょっと、手をとってあげるべきことに、手をだしてあげない。

今は科学の時代で、科学のおかげですばらしい医学、医療が進歩して大変に助かっていますが、何事もあまりにも科学化してしまいました。

ところが、科学では解決のつかない問題もあります。科学の限界というものを知ってもらいたい。そうすることによって、宗教と科学が仲良くして、お互いがより良き人生を願って、「知ろうとする」のが科学です。より良き人生を、「生きよう」とするのが宗教です。いずれも、より良き人生を生きるということなんです。「生きる」のはいいんですが、「どう生きるか」ということになりますと、ただ生きていればいいのではなくて、「より良く生きる」ということだと思うんですね。科学と宗教の共通面は、人間がより良く生きる方向へ、一方は「知る」、一方はそれを「行う」という方向からアプローチしている。そういう意味で、どちらも方向性は同じであり、大別してはいけない。

生きるのに、私たちは皆が呼吸をしています。吸ったり吐いたりしています。酸素を吸って、二酸化炭素を吐き出しています。植物は二酸化炭素を吸って、酸素を吐き出しています。植物が出しているのを人間が吸う。人間が出しているのを植物が吸う。そのように植物と人間は、互いに呼吸しあって生存しているのです。私たちは、息を吸ったり吐いたりすることによって生きているのです。息を、１分止めると苦しくなります。２分以上になりますと、ひっくりかえってしまいますね。私は、２分ほど止めたことがありますが、顔が紫色になってくるのが分かるんですね。危ないのでやらないようにお願いしますよ。（笑い）。

私たちは、息をしているから生きているのですが、息をしているのは当然だと思っているのです。問題は、「どのように息をしているか」ですね。その人の吸ったり吐いたりの呼吸の仕方で、外から来るものに対する感じ方が変わってくる。それによって考え方が変わってくるし、それによって価値観が変わってくる。いわゆる人生において何が一番大事かということの価値観ですね。値打ちをみる深さ、高さ、大きさが変わってくるといいます。

深い呼吸をしている人は、ものごとを深く考える。浅い人は浅い、速い人は速い。現代人は速い。速くて乱れて、濁っている。もう悪条件ですね。速すぎ、乱れて、汚れている。呼吸が悪いのです。

東京から来た人に言われたことですが、「沖縄の人は、のんびりしすぎてアホみたいだ」と。私は言ってやったのです。「あんたもアホみたいだよ、バタバタしているじゃないか」と。二人の中間をとって、2分の1ぐらいが丁度いいですねと笑ったのですがね。ゆっくり、のんびりしたほうがいいのです。沖縄の人は、ゆっくりした呼吸をしているのです。

現代人は仕方がないと言えば仕方がないですね。東京の人にそう言うと、「そうでもしないと生きていけないよ」というような言い方をするわけですね。ところが実は、呼吸が乱れているのです。速すぎる、そして汚れている。この三つの悪い条件を、私たちは避けることができない状態で、生かしてもらっているわけですね。

呼吸と言うのは、「深い」ことを言うわけです。ふか～い呼吸をすることによって、ふか〜い心が生まれてくる。苦しい経験をした人ほど、心は深い。これは、本当のことだと思います。

落ちぶれて　袖に涙の　たまるとき　人の心の　おくぞ知らざる

という歌がありますよね。本当に人が絶望に落ちたとき、あるいは悲しい思いをしたとき、そういう時にこそ、その人の心の深さというのが分かる。それぐらいに私たちは、人生をかみしめて、いろいろな経験を積み、そして心を深くする機会が多いほど、その人が深くなっていくんです。その深さが深いほど、人の気持ちが分かってくるんですね。

若いうちはやむを得ないですね。20代は20代で、30代は30代でのものの感じ方、成長の仕方、あるいは心の深さが変わってくるわけです。その深さは、日頃どのように訓練するかというと、私の持論で、私の独自の考え方としては、「祈りと瞑想」、この二つだと思うわけです。そして、それはいかなる宗教をも超えて、いかなる宗教があろうが無かろうが、人間すべてに最も大切なことだと思うのです。誰にでも祈りはあります。

前の沖縄県立芸術大学の学長さんが、新聞で芸術論について書いておられたのを拝見したのですが、「芸術は、祈りがなければほんとの芸術の美しさは分からない」と。この方は、さすがに高度だなと思いましたね。祈りというのは、いかにも仏壇の前だとか、あるいは宗教だからだとかではなくて、人間そのものの祈りなんですね。つまり、心のふか〜いところに入った時に、私たちは宗教を避けて通るわけにはいかない。なぜなら、私たちの前に現れて、私たちに問題を提起してくれるから。

ものを深く見るか見ないかです。ところが、今はものを浅くしか見れない。簡単に情報を集めることができるけれども考えようとしない。いわゆる、いい本を読もうとしない。読書をしなくなりましたね。読書は大事だと思います。皆さんの子供さんやお孫さんがいましたら、できるだけいい本を読ませてあげてください。いい本を読めば、だんだん深くなってくるし、人間がいかに生きるべきかということを教えてくれます。そして、考える力がでてくるわけですね。

私たちは、命の尊さを歳とともに分かってくるわけです。「般若の会」というのがありまして、毎週水曜日の晩7時半から1時間ほど、いろいろな講師にお願いしてお話をしてもらっています。宗教者や学校の先生や医師にお願いしておりますけれど、ラサール神父さんにも二度ほど来て頂いたことがあります。

そこに小学校の先生がいらして、私に質問をしました。今日、私は生徒に申し訳ない、悔しくてたまらないという思いをしました。生徒が、「先生、なぜ命を大事にしなければいけないんですか?。命の尊さと言うけれど、それはどういう意味ですか?」と聞かれ、即答できなかったのです……と。

それは問題ですね。私たちは、口では言うけれど、子供や孫から聞かれた場合に即答できないんですね。それは、体験しなければ答えられないのですが、ものの道理としてでも心得ていなければいけないことがあるわけです。そこで、次の三つのことをあなた自身が勉強してください。そして、機会あるごとに、子供にそれを伝えて下さい。

一番目は、自分はかけがえのないたった一つの自分だ、またとないかけがえのない命であるということ。

二番目は、自分一人では生きていけない、生かされているということ。人が愛され、許され、そして助けられ、分け合い、そうすることによってお互いに持ちつ持たれつ、人という字のように支えあっていかなければならないんです。

私の知った人で、おばあちゃんが亡くなったので、初七日でお経を読んでくれと頼まれて行きましたときに、お嫁さんが大変いい挨拶をしてくれました。お嫁さんはクリスチャンでした。姑さんは最期まで「お前の世話にはならない」と言っていたそうです。可愛くないですね。

お嫁さんの挨拶は、「義母は92年、生かしてもらいました。皆様のおかげさまで、92年お世話になりました。今日、おいでいただきましてほんとにありがとうございました」。立派な挨拶をしてくださいました。やっぱり違うなと思いました。そういう人が世の中にはいるんですね。

「私は、誰の世話にもならない」。それは嘘です。お釈迦さまの時代に、そのようなことを言う人がいて、お釈迦さまに尋ねたそうです。「じゃー、お前さんは、生まれてくるときに、自分で自分のへその緒を切ったのか?」。それから、「亡くなるときに自分の力で棺桶に入るのか?」と言ったら黙ってしまったんだそうです。最小限度、人間は誰かのお世話にならなければならない。ほんとは、限りないものの支えによって生かされているんですね。限りないんです。人間同士だけでなく、あらゆるものの、空気のおかげ、水のおかげ、その他もろもろのおかげで生かされているのです。一人で生きているんではないということをしっかりと子供たちに、なんらかの形で教えてあげる、あるいはそいう本を読んでもらうことが大事じゃないかと思っているんです。

三番目ですね。あなたは偶然に、ポッと生まれてきたのではないということ。お母さんが、生んでくださった。お母さんは、おばあちゃんが生んで、ず～と、ず～と限りないご先祖さんの血が流れているんだということ。縦、横ですね。縦のおかげ、横のおかげで私たちは現在ここにいるんだということ。この三つを、しっかりと教えなければいけないんです。

私は、調子にのるといくらでも話すんですが、もうそろそろ時間だと思いますが、もうそろそろからが、私は始まるんです。どうも悪い癖ですね。ついでについでにが、次々と続いて、ついに一時間ぐらいたったりするんです。あとは、ご質問を受けながら、おもしろおかしく、また真面目に語らいましょう。

「生き方」についての質問ですね。人間には、四つの「赴き」があるそうです。四種類です。一つは、闇から闇へ赴く人。二つ目は、闇から光へ赴く人、三つ目は光から闇へ赴く人、最後は光から光へ赴く人の四つです。もうお分かりだと思います。

闇から闇というのは、貧しい、心も貧しいことで、これは一番良くないですね。例えば、貧しいのはあいつにいじめられたから貧しくなったんだとか、世の中がなっていないからだと不平、愚痴、恨みつらみでいっぱいいっぱいに生きる人。顔も、おかしい顔になります。

闇から光へ。名もなく、貧しく、美しく。貧しくても、心はいつも美しく明るく、その貧しさを乗り越えて生きる人。これはいいですね。最高ですね。「貧、人を苦しめず。人、貧に苦しむ」と言った人がいました。貧乏は人を苦しめない、人が貧乏に苦しむんだと。いい言葉ですね。貧乏は決して人をいじめはしないんだよ、その人が貧乏に負けてしまって苦しんでいるだけの話だということですね。それを乗り越えていっている人は「闇から光へ」赴く人です。

光から闇へということは、豊かで、金持ちで、金の使い道を知らない、私利私欲のための贅沢だけしかしない人です。しかも、貧しい人を見下す人です。那覇出身の方もおられると思いますが、私の小さいときによく聞いた方言で、「ワーガジンモーキーネー、イッタートームノーイラン」との豪語。お笑いになった方なら分かっていますね。失礼ですが、何のことか分からないという方、手を挙げていただけますか。いくらかは、いらっしゃいますね。例えば、私が宝くじでも当たって１００万ドル長者になったら、お前たちとはものわ言わないよ、付き合わないよ、といった意味です。そういうひどい事を言っている大人の言葉を覚えています。また逆に、「アヌヒャーヤ、ジングワーモーキティ、ハナフラチョーサ」、あいつは小銭を儲けて、顎を出しているんだという意味ですね。非常に戒めなければいけない言葉なんですね。これは、まさに光から闇ですね。現代人には、このタイプが多いのではないですかね。

最後は、光から光へ赴く人、これが一番理想ですね。金を持っているけれど、心も豊かで、そして出すべき時にはちゃんと出す。ロックフェラー財団というのがございますね。この人は、29か所の大学をこの方一人の財産で建てたそうです。その家の家伝に、ロックフェラー家の財産は、神様からお預かりしたお金だというのがあるそうです。そのような発想は、今の日本人にもあるのかどうか問題ですね。やはり、裏には「宗教心」があるんです。すばらしいですね。神様から預かったお金だと、ちゃんと還元しなければいけない。お預かりしているんだから、使うべきときに使う。この発想ですね。外国には多いんです、心がひろいんだと思います。

「女性の生き方」についての質問ですね。女の一生。モーパッサンじゃないですが、二十代は美しく、三十代は強く、四十代は賢く、五十代は豊かに、六十代は健やかに、七十代は和やかに、そして八十代は愛らしく、いぶし銀のごとく再び美しく、最後の最後、老婆は一朝にしてならず。面白いですね。

二十代は、若いというそのままで美しいですね。私も、正直なところほんとに初々しいというか清純な美しい若い女性を見たときは、実に気持ちがいいですね。さわやかになりますね。

三十代は強くというのは、やっぱり子育てですね。子供のために風邪をひく暇もないぐらい強くたくましく生きることですね。

四十代は、本当に賢明になって欲しい。いい本を読み、いい話を聞く。利口ではなくて、賢くです。

五十代は心豊かに、心にゆとりを持つことですね。

六十代は、健康に留意して健やかに。

七十代は和やかに、頑固にならない。そして我を張らない。そろそろ頑固になる年頃で、なかなかどうして、梃子でも動かない。頭だけじゃなくて足腰まで硬くなってしまうんですね。そういうことを、本当に噛みしめながら二十代、三十代を生きてはじめて八十代には愛らしくなるんです。ですから、いかに死ぬかということよりも、いかに老いるかが難しいんですね。それは、いかに美しく老いるかということなんです。かわいいおじいちゃん、おばあちゃんでありたいと思うわけです。

いぶし銀のごとくというのは、中からジワーッとにじみでてくる美しさであり、何とも言えない味のあるアジクーターですね。顔だけでなく、体全体から湧き出てくる雰囲気なんですね。こういうことも一朝にはならない。私たちは老いるまで、自分を磨き、自分の心を深めていくことを怠らないで生きていかねばならないんです。そして、自分の心をいかにすべきかということを学んでいく。そこから、ロマンが生まれてくるんです。自己向上です。そうすることが青春です。必ずしも青春というのは年齢じゃないと思うんですね。

「嘆きの人」という本は、消極的な考えの人、物事の片面しか見えない、見ない、非常に視野の狭い範囲しか考えない人の物語です。一読ください。

「嘆きの人」は、うまくいかない原因を深く追究しない。ここですね。何故うまくいかないのか、何故子供たちはそうなっているのか、最後まで原因を追究せずに、表面だけで処置しようとする。同時に、他人のせいにして責任を回避し、転嫁する癖があるのです。そして「嘆きの人」は、行動しない正当な理由を持っている。例えば、忙しくて時間がない。それは理想にすぎない……など。できない理由をだして、やらないとの結論を出したがる。なすべき事を問題として考えないですね。さらにその奥には、恐ろしい「エゴ」がとぐろをまいているんです。

最期は、「エゴ」です。自己愛に対する執着、すべてはそれに起因するんです。私の持論ですが、キリスト教でいうと罪、「原罪」と申しますか、仏教では自我に対する執着、これがすべての悪の原因だと言われています。自我そのものはいいんですが、それにとらわれてしまうとだめですね。

お互いに、体を丈夫にしながら、健やかに、和やかに、そして愛らしい方向にもっていきたいと思いますので、ひとつよろしくお願い申し上げます。最後までお聞きいただき、ありがとうございました。

2．「安楽死」問題を考える

永吉　盛元

２００２年５月22日「沖縄・生と死と老いをみつめる会」講演

はじめに

「私を、殺してくれ」と仮に頼まれたとき、あなたはどうしますか。自分の命を、いらないから殺してくれと言っているのだから、いいじゃないか。協力するのは悪いことではないと考えるのか……。しかし、殺してしまったら自殺関与罪、嘱託殺人罪で刑務所行きになってしまうのです。

尊厳死や安楽死を考えるとき、本人の同意が問題になる。本人の同意を得て、あるいはその希望を聞き入れて殺したのだが犯罪になる。それは何故か。その説明は難しいが、やっぱり「殺してはいけない」のだと言うことになる。
命の尊厳ということ。同じ人間を殺すとき、例えば隣に住んでいる人を殺した場合と自分の「親」を殺した場合とでは大きな違いがある。親殺しは、刑がものすごく重い。ひところ前までは、親殺しは死刑か、無期懲役かで犯人は一生、私たちの住む社会に戻ることは許されなかった。その分、親の命は他人の命よりも尊かったということになる。これは、命の尊厳を考えるときに、非常に気になることである。日本という国は、親殺しは絶対に許さない。それは、人を殺すのはいけないことだという事とはかなり違った意味合いを持つ。「親の命」と「他人の命」との間に軽重を設けるからである。命の尊さを言うのならば、親の命もそうでない人の命も、その尊さにおいては同じでなければ絶対にいけない。

心中というのがある。この世で一緒になれないから、あの世で結ばれよう。男女が心中を図り、致死量の薬を飲んだが運よくというか、運悪くというか、片方が生き残った。生き残った者に対して、私たちはどのような態度をとればよいのか。彼が、生き残った彼女に対して、彼を殺した犯人として厳しい非難をあびせるべきか。彼が、「一緒に死のう」と言ってきても、それを断るべきではなかったか。彼の命も、自分の命も、大切に守るべきではなかったか……と。

厳密にいえば、心中において生き残った者は、片方を殺したということになり、自殺関与、嘱託殺人という罪を犯している。相手の死に手を貸していることは否定できないからである。だから、生き残った者に、嘱託殺人として刑罰を科すことは悲しくつらいことではあるが、やむを得ないことだと思う。死んでしまった片方の責任も否定できないが、死んだ者に法律の力が届かないから、その罪を問わないというだけのことである。

では、次に自殺はどうだろうか。自分で自分の命を絶つことは、犯罪でないと言えるか。彼を捕らえて、刑務所に入れようと思ったができなかったということではないか。私たちの考えの中には、自殺を罰するに値するという思いが強くあるのではないか。自殺の中には、他殺も許容するものがあるような気がして不安になる。

私たちが、「安楽死」と「尊厳死」を考えるときに、以上のことを同時に頭の中にしっかりと入れておくことが大切ではないかと思う。

安楽死と裁判

安楽死とその裁判についてお話します。日本で最初の安楽死裁判は、昭和24年5月、お母さんが脳出血で倒れて全身不随になってしまう事例です。そのお母さんは在日朝鮮の方で、いつも故国に帰ろうと思って生きていたのが、全身不随になってしまって故国に帰れない。非常に悲しんでいた。安楽死によくある肉体的苦痛がどの程度に達していたかはよく分からないが、七転八倒する程の苦痛があったようには思えない。このお母さんには、肉体的苦痛よりも故国に帰れない精神的な苦しみが大きかったようである。私はどうしようもない身体になってしまった。息子よ、「殺してくれ」と頼むのである。孝行息子は断じて応じない。しかし、あまりの哀願に負けて、息子は青酸カリを水に混ぜて飲ませ、母を殺害してしまった。息子は警察に逮捕され、裁判にかけられる。当初、殺人と考えられたが、頼まれて殺したのだからというので嘱託殺人罪として訴えられる。

殺人罪の刑は、死刑または無期もしくは3年以上の懲役刑。嘱託殺人の場合は、6か月以上、7年以下の刑であるから刑に大きな差がある。

この息子は、法廷で「私は、殺したのではない。安楽死だ。母は、回復不能であり、その苦しみや悲しみを取り除くために殺したのだ」と無罪を主張した。裁判所は、そんなに甘くはない。頼まれたとしても、殺したことは間違いない。しかも、自分の母親ではないかと言って有罪にした。懲役1年、執行猶予2年。執行猶予だから、刑務所へ行くことはない。2カ年間、社会で真面目に生活していれば、今日の話はなかったことにするぞというのが執行猶予の判決なのである。この判決は、いわゆる温情のある判決である。

この事件は、昭和24年、25年のことで、日本の復興で人々が非常に苦しみ、その日、その日を暮らしていくのが大変な時代であったから、国民が安楽死など考えている場合ではなかった。そういう時代状況であった。安楽死問題を考えるとき、その時代状況とかの背景は非常に重要なことである。

昭和37年に起きた安楽死事件は有名である。世界的にも有名になった事件である。父親が、脳溢血で倒れて半身不随となり、症状はますます悪化し、上下肢は曲がったままで少しでも動かすと激痛が襲う。息子に、殺してくれ、父を大切に思うなら、この痛みから解放してくれ、早く殺してくれと訴えます。息子は、断り続ける。主治医は、２週間もない命だと宣言する。息子は、痛みで苦しんでいる父親を見るに忍びない。そばで見ている息子の精神状態がおかしくなるくらいである。ついに孝行息子は、有機リン殺虫剤を牛乳に入れ、それを知らない母親が父親に飲ませて死亡させてしまった。本格的な安楽死事件となり、世界的にも有名となり、日本の裁判所の対応が注目された。

裁判所は、この息子に対して尊属殺人罪を適用した。これに対し、弁護側は父親の死苦を救うために、父親の希望を聞き入れての犯行であり、まさに安楽死であるとして、尊属殺人の成立を批判し、控訴（不服申し立て）をした。これを受けた名古屋高等裁判所は、父親の「殺してくれ」「早く、死なせ欲しい」という言葉は、父親の真意からでたものであり、嘱託殺人が成立するとして、懲役1年、執行猶予3年の刑を言い渡し、尊属殺人罪の成立を否定した。

裁判所は、この青年に対して決して安楽死を認めなかった。安易に安楽死を認めないぞ、という司法の姿勢をうかがい知ることができる。嘱託殺人罪を認めて、寛大な判決を言い渡したということである。刑は軽くするけれども、無罪にはしないぞ、という裁判所の生命の尊厳に価値を置く強い姿勢がみられる。

この判決が有名になったのは、安楽死が認められて無罪になるには、次の6つの要件を満たさなければならないことを示したことにある。安易に安楽死を盾に無罪を主張するな、人間の命は地球よりも重いぞということを裁判所は言いたいのである。

6つの要件
1、不治の病であること
2、死期が切迫していること
3、肉体の耐え難い激痛があること
4、患者本人の同意があること
5、医師が施すこと
6、手段が人道的であること

この青年の場合は、父親は不治の病である。死期が切迫している。肉体的に、耐え難い激痛に襲われている。本人が殺してくれと訴えている。安楽死の要件はクリアーしているかのようにみえる。しかし、無罪にしなかった。殺害の方法が穏やかではないのだ。それを実施したのは、医師などの医療従事者ではなかった。殺虫剤ではダメ、息子ではダメだということだ。そのために、この青年は有罪になったのである。

この会場には、本会の会員である石川先生、仲宗根先生もおられる。この先生方は、日常的に安楽死と向き合っていることだろうが、一度も問題になり、新聞にでたり、裁判沙汰になったことがない。患者本人は、家族と医師との間に心の通った健全な関係が成り立っているからだと思う。

安楽死が成立するか否かでの問題になる裁判では、往々にして遺族サイドは、「殺してくれと頼んだ覚えはない」と主張し、当の医師は、「早く楽にして欲しいと哀願していたではないか」と反論する。実に、醜い姿をさらけだす。医師と患者、家族との関係が正しく確立されることが、いかに大切かが分かる。

安楽死が問題になった裁判は、その後も続くが、完全に無罪になったことはない。

それは何故か。深く考えたいものである。

１９７５年（昭和50年）、アメリカのニュージャージー州でカレン事件が起きた。21歳の女性、カレン・アン・クインランが友人宅で酒を飲み、その後に精神安定剤を服用し昏睡状態となった。人工呼吸器をつけ、チューブから栄養を補給する状態となり、脳の一部が壊れ、光や音にも反応せず、意識も戻らない。「植物人間」になってしまった。生命維持装置によって辛うじて生命は維持されていた。父親は、生命維持装置を外して安らかに死亡させたいと思い、担当医に頼む。ところが、カトリック信者のカレン家は、人工的な延命より自然の死でもって、神のもとに返してやりたいと思っていた。

思いあまった父親は、娘の生命維持装置を外す権限を自分に与えるよう裁判所に申し出た。しかし、裁判所は父親にはこんな権利はないとして訴えを退けた。安易に安楽死を認めることになるのを裁判所は恐れたのである。

納得しない父親は、ニュージャージーの最高裁判所に不服申し立てをした。カレンには死ぬ権利がある。それを、父親に委ねられていると考えるべきだと主張した。裁判所は、厳しい条件をつけて父親の主張を認めた。すなわち、カレンにはプライバシー権があり、それには治療を拒否できる権利も含まれているはずだ。父親は、それを代理できると根拠づけたのである。

この判決の見解には、私は個人的に抵抗感を抱く。その後、裁判所のつけた条件に従い父親は、カレンの生命維持装置を外したが、カレンはその後、9年あまりも生き続けた。死亡したのは、併発した肺炎によるものだったのである。

１９９１年（平成3年）4月、東海大学での事件がある。Aさん（50歳、男性）は、多発性骨髄腫の入院患者。激痛が襲う。痛みのとれない疾病の典型で、手術は不可能である。特殊な抗癌剤を併用して、進行を遅らせる方法しかない。Aさんの症状は悪化し、意識は朦朧とした状態。患者は、装着されている点滴やカテーテルを取り外そうとし、苦痛も大きかったようである。

患者の妻と長男は、回復不可能なことを知り、苦しみから解放し、自然の状態で、楽に死なせてあげたいと考えていた。そして、担当医にもその旨を話していたようである。担当医には、患者の息子からの強い要求もあったようで、担当医は塩化カリウム20ccを原液のまま、その患者に2時間かけて注射し、Aさんは、ほどなくして死亡した。

担当医は、殺人罪で起訴された。患者の家族が、安楽死を懇願したとしても、担当医としてはその懇願の内容、真意を吟味すべきである。家族が、「早く死なせて欲しい」と言ったからと言って、それが安楽死を望んだものと即断してはいけないと指摘し、死期を早めた医師の刑事責任は否定できないとした。懲役1年、執行猶予2年の判決が下された。

安楽死と尊厳死

安楽死と尊厳死という言葉を耳にし、そして、そのいずれの言葉が正しいか議論する場にでくわすことがある。私は、言葉はどうでも良いと思っている。日本の場合、最初は「安楽死協会」と呼んでいたが、何となく変だということになって、「尊厳死協会」になった。米国では、「死ぬ権利協会」と呼ぶ。死ぬ権利があるかどうか。生きる権利ならば分かるのだが。

「安楽死」というべきか、「尊厳死」というべきか。生と死を考えるとき、その人が「生と死」をどのようにとらえているかが大切であって、言葉の使用は本質的な問題ではない。関係の論文を読むとき、大体の著者は、「安楽死」はこのように考える、「尊厳死」はこういうことであると親切に著者自身が断って説明してくれるので分かるが、中にはごちゃまぜに使っていて、読者に誤解を与える場合がある。

本人が死を望んでもいないのに、見るに忍びず手を下した場合、それは絶対に許されない。本人が死を望んだ場合に任意的な安楽死がどこまで許されるかというのが、私たちの考える安楽死問題である。例えば、ドイツのヒットラーのように、ドイツ人の純血を守るために、ユダヤ人を収容所に送ることは強制死であって、安楽死としての議論の対象ではない。

末期の癌で激痛に襲われ、本人はもちろん、その家族の苦しみも計り知れない。もしかすると、本人以上の精神的苦しみかもしれない。死も近づいている。何とか、その激痛だけは取り除いてやりたい。苦しんだまま、あの世に送るには忍びない。せめて、死の時だけでも安らかであって欲しいと願うものである。家族は、モルヒネを使うことを医師に求める。その結果は、死期を早めることになるが、それは結果的にそうなるだけのことであって、激痛を取り除いてやることに必死の家族のその動機や心情には、私たちは心を打たれるものがある。

この、モルヒネを使うことで患者の死期を早めたのだから、それを使用した者（医療）、その使用を要求した者（家族）に対して刑事責任が問われるべきか。激痛を「緩和する」ためであったからこそ、それに必死であったこと、その結果として死は避けられないことであった。現在の医療は、それを是としていることから、このモルヒネの使用は容認される。それ故、私たちの考えている安楽死・尊厳死論争の対象にはならない。つまり、モルヒネを使用したことで殺したのではないかとの非難は正しくはないということである。こういう考え方を、「間接的安楽死」（消極的安楽死）という言葉で説明され、法的に責任はないと考えられていて、私もそれには賛成しないわけにはいかない。

安楽死を考えるとき、問題になるのは何らかの積極的な手が加えられたかどうかである。そのために死がもたらされたとき、それには責任が問われる。例えば、前に述べた青酸カリを牛乳に入れて飲ませるという行為が行われたならば、それは許されないということになる。だから、安楽死という言葉を用いたとしても、許容される（法的責任が問われない）ものと、そうでないものがあることは当然であって、安楽死、つまり本人が死を望んでいたことのみをもって、責任は追及されないと考えてはいけない。

「安楽死」という言葉が一人歩きして、それが実に安易に捉えられたり、また、それを使う人によっても違う意味合いがあったりする。安楽死について書いた本を読むときに困る。その点、気をつける必要がある。

先ほどの話にもどるが、自殺とは自分の意志で、自分の決めた方法で自分の命を絶つことである。安楽死はどうか。それも、自分の意志によるのだから、その性質は非常によく似ている。そこで、自殺も許されるのだから、安楽死も許されるはずだとなってしまう。

失恋で、あるいは事業の失敗で死のうと思ったが、子供の顔を思い出して自殺をやめた。自殺は、このようにいつでも自分の意志でやめることができるが、果たして安楽死はどうだろうか。既に、スタートしているのだから（そのための措置が開始されているのだから)、自分の意志で止めることはできない。特に、末期の症状のときは、自分の意志の表明すらできないのである。安楽死を是認するとしても、その人がいつ意志を撤回するのか分からないということも、私たちは強く念頭におく必要がある。

リビング・ウイルとして尊厳死協会の会員は、各自がサインした宣言書を所有している。例えば、その中に死期が迫ったら治療は一切しないでくださいと書かれている。医療サイドは、それに従うべきか。それとも、可能な限り治療に尽くすべきか。迷う余地を残していることになるばかりか、第一、本人自身、心身ともに元気なときに書いたものが、末期に至るまでそのまま持続し、当初の気持ちに変わりはなかったといえるのか、疑えばきりがないことにもなる。

私がここで指摘したいことは、自殺が許されるから、安楽死は、なお許されなければならないとの考えに疑問と不安を抱く。自殺は許されないと考える人たちからすれば、安楽死はなおさら許されないと考えるであろう。

話は変わるが、大往生という言葉がある。会場には、仏教の崎山老師がおられるので、そのことについて老師のご発言があれば有り難い。よく、「あいつは往生際が悪い」という言葉を耳にする。私などは、この往生際の悪い部類に属する人間である。大往生とは、「よく生きた。これで私はみなさんにさよならして、あの世に行ける。あとは、よろしく頼むぞ」。これは、良き死である。大往生というのは仏教的概念で、「生を、生きることを全うして死ぬ」という意味である。

大往生を遂げるということは、この人の人生はすばらしかったんだということである。家族に対して、「じゃ、さよなら」と言えることができ、そしてそのような家族がいて、それを支えてきた医療サイドがあること、私たちはこのような死を心から望み、求めているのではないだろうか。

これは、安楽死がいいか悪いか、賛成か反対かという議論をはるかに超えるものがある。私たちは、安楽死の議論をするが、人間の「死」そのものについて、あるいは「生きる」とは何かについてあまり考えない。

回復の見込みがない、病気で死期が迫ったと診断されたら無理な延命治療はしないで欲しいとのことを書いたリビング・ウィル（尊厳死の宣言書）を医師に示す運動をしている日本尊厳死協会がある。１９７６年に生まれ、現在の会員は、10万人を超えたと言われている。その宣言書の内容は次のようなものである。

私は、私の傷病が不治であり、かつ死期が迫っている場合に備えて、私の家族、縁者ならびに私の医療に携わっている方々に次の要望を宣言いたします。

この宣言書は、私の精神が健全な状態にある時に書いたものであります。従って私の精神が健全な状態にある時に私自身が破棄するか、又は撤回する旨の文書を作成しない限り有効であります。

①私の傷病が、現在の医学では不治の状態であり、既に死期が迫っていると診断された場合には、やたらに死期を引き延ばすための延命措置は一切お断りいたします。

②ただしこの場合、私の苦痛を和らげる処置は最大限に実施して下さい。そのため、たとえば麻薬などの副作用で死ぬ時期が早まったとしても、一向に構いません。

③私が数ヶ月以上にわたって、いわゆる植物状態に陥った時は、一切の生命維持措置を取りやめてください。

以上、私の宣言による要望を忠実に果たしてくださった方々に深く感謝申し上げるとともに、その方々が私の要望に従った行為一切の責任は私自身にあることを付記いたします。

こういう宣言書を突き付けられた医師は、どういう態度をとるだろうか。私の病気は医学で治せない、死期が迫っているというのはどうして解るのか。今の医学では痛みを和らげることは非常に発達している。痛みを和らげることも、重要な治療ではないか。

不治の病といつても、あと何日生きるか分からないにしても、この何日というのは、その人にとっては何十年に匹敵するくらいの価値があるかもしれない。もう少し、命の尊厳というものを考えることはできないだろうかと思う。

それから配付資料に、リビング・ウィルの具体例を示してありますが、その人は、「私は、自分の面倒がみられなくなり、全面的に自分以外の人に頼らざるを得ない状態」を「回復不可能」であると考えるので、あとは何もしないで下さいという。これを突き付けられた医師はどうすればよいか。回復不可能というが、どうしてあなたが決めるのか。あなたの子供さんたちは、どう言っているのか。私は、医学を究めた者として、あなたのことを回復不可能とは考えていないと言われたらどうするか。このような疑問と不安を抱かせるものがある。

それから他の具体例として、「私は、他の人に身体を洗ってもらったり、衣服の着脱をしてもらったり、食事を食べさせてもらうような状態になり、自分でそれらがやれるような現在の状態に戻る見込みが全くなかったら、「回復不可能」と考えるので、治療は不要という。

私たちは、常に人に頼って生きているのである。頼られて嬉しいと思っている人が多いのではないか。そういう人間の存在の関係というのを大切に考えないと、人間の「生」には意味がないと思う。

それから、「失禁するようになって、他の人に身体を洗ってもらったり、着替えさせてもらったりしなければならないようになったら、それを私は受け容れません」とある。迷惑をかけることが何故悪いのだろうか。私は、そのことがむしろ問題だと思う。命の尊厳ということについて、私の気になるところである。

安楽死「論」のいらない社会を

昭和天皇の危篤状態が連日、テレビ、新聞で報道された。血圧がいくら、輸血の量がいくら、脈拍はどうだとまるで気象台みたいに、天気予報みたいに国民に知らされる。言い方は失礼だが、これでもかこれでもかと流されてくるものだから機械的な話になって、一人の人間の生命の尊さとして伝わってこない。医療の人たちならば、天皇は末期の癌の治療を受けているのだなと分かっていたと思うが、国民はそんなことは知らず、ただ流れてくる数字のみを見て、何の感慨も抱かなかったに違いない。

天皇もひとりの人間だから、その死については尊厳なものであるし、私たちもそれを理解する。でも、ひとりの人間としての天皇のプライバシーが果たしてどこまで尊重されていたかが疑問である。天皇の死の末期の報道の仕方、あり方について、私は今もって悲しいことだと思っている。

実は、この天皇の病状の報道の後、日本尊厳死協会の会員が増えたというのである。それは何故か。人々は、明らかに無理な延命行為だと考えたのである。それ以上に、血圧や脈拍、輸血の量まで公開され、天皇のプライバシーが全く無視されたことに、人々がそれを自分のことに置き換えて考え、たまらなく辛いことと思ったのであろう。

そういう末期の取り扱いのあり方に納得できず、その反動として尊厳死協会に加入することを考える人が増えたのではないかと思うのである。

それと対照的なのが、かつての米国の駐日大使のライシャワー氏の死である。ライシャワー氏とその家族は、尊厳死についてしっかりしたものをもっていたと言われている。医師とも十分な意志の通いと理解があり、家族と医師の見守りのうちに静かに息を引き取ったとのことである。このライシャワー氏の死は、非常に貴重な意味を私たちに与えたということができる。ライシャワー氏の死を機に、尊厳死を支持する会員が増えたと言われている。天皇の死と全く対照的であるのに何故、尊厳死を望む人々が増えたのだろうか。

普通、安楽死裁判で問題になることは、例えば末期の癌患者の場合、その家族が無駄な治療はやめてくれと医師に申し入れる。これに対して、真面目な医師ほど迷い、悩む。受け入れないと医療不信などと患者サイドから非難されるかもしれないと考えてしまう。ところが、いざ裁判になると家族は「そんなことを言った覚えはない」と主張する。実に身勝手なことではあるが、医師も医療人として毅然とした態度をとればよいのだが、言いなりになってしまう弱みがある。生きるということは何か、死とは何かについてのしっかりとした考えがない。一度たりとも、そいう根元的なことについて考えたことがないために、極めて利己的な安楽死論に脱落してしまうのである。

ライシャワーさんは、日頃から自分の死について考えていた。家族も十分話し合い、医師との関係も健全なものであった。医師も彼の家族同様、あるいはそれ以上の良き理解者あったと思われる。このように日頃から死について家族と語り合うのが大切である。抽象的に、この死に方が良いとか悪いとかということはない。生と死の問題は、まわりの人との関係、つまり人間存在の関係であるから、その中でしっかり話し合うことだと思う。どう生きるかということと同時に、どう死を迎えるかということを考えるべきである。平たく言えば、生きている意味が分からなければ、死ぬ意味も分かるはずがないということである。私自身、このことを深く肝に銘じたいと考えている。


安楽死や尊厳死を考えるにあたって、死を選ぶその人自身のことのみを考え、残された人たちのことを忘れている場合が多いのではないか。

親不孝の息子がいて、サラ金に追われてどうしようもなかった。親の見舞いにも行けなかった。しかし、あと1ヶ月あればサラ金も支払って、何とか見舞いにも行けそうだ。延命措置でもいい、無駄なことでもいい、何でもいい。それまでの間、親に生きていて欲しいと願う。その息子の心に応えた医師の対応が、仮に延命措置だったとしても、私たちはそれに異議をとなえることが出来るだろうか。安楽死や尊厳死は、その人の死生観と重く関係することだから、これが良いとかあれこれ言えるものではない。

医師会としては、医療の現実において刑事責任が問われかねない。しかし、その判断が困難な事態に遭遇した際、安楽死のような場合、往々にして立法措置を講じて、刑務所に行かないようにしようとの安易な動きをとるが、死生観と関わることについては、法律ではどうにもならない。法律をつくればいいという問題ではないのである。

おわりに

とりとめのない話になった。問題点のみを話そうとしたが、かえって前後矛盾したことを話してしまったようである。私自身が、安楽死の問題について、しっかりした結論的なものをもっていないがためにそうなったのであり、仕方のないことでご容赦願いたい。

最後に、安楽死問題を支えているものに、それが治療のひとつであるという点にある。安楽死（尊厳死を含めて）について、何故、私たちがそれを支持するかというと、不治の病で激痛に苦しんでいる患者から、その激痛の苦しみを取り除いてあげるからである。それこそ、治療だという認識である。その患者は、苦しむために生きているようなものだ。非常に気の毒であり、見るに忍びない。家族の苦しみも、それ以上とも言える。私たちは、この七転八倒する患者から、この苦痛を取り除き、平穏な生活を与えたいと思うし、死が避けられなければ安らかな死を迎えさせたいと思う。緩和医療の目覚ましい進歩は、力強い限りである。苦しみに耐えられない患者が、「殺してくれ」と叫んだとしても、それは文字どおり殺害してくれではなく、痛みを取り除いてくれとの叫びだと理解すべきである。そうすれば、裁判沙汰になるような安楽死問題は起きないのだとつくづく思う。

どういう生きがいに真の幸福を見い出すのかは、その人自身が決めることである。

また、どういう死をもって自分の最期の生き方とするのかも、その人自身の問題である。したがって、あえて死ぬ権利があるなどと言うのもどうかと考える。

北部のカヤウチバンタから身投げ自殺を図ろうとする人を、ある青年が助けようとしたところ、その人曰く「私には、死ぬ権利がある。何故、助けるのか」、「人権侵害だ」と言われ、その青年は立ちすくむ。それが正しいとすれば、すなわちこの青年の行動が許されないとすれば、私たちの社会は成り立つだろうか。私たちは、安楽死論のいらない社会をつくりたい。安楽死論のみをはなやかに繰り広げて、人が生きることと死についての考えがない。


安楽死を支えているものは、七転八倒する苦しみから救われ、安らかにあの世に行って欲しい、死を迎えて欲しいとの願いから出発している。それ故、ペインクリニックに期待する。痛みを取り除き、健やかな気持ちで、自然の死を迎えることが大切である。抽象的な安楽死論より、苦しみを取り除く医療の努力こそ求めたいものである。地獄のような苦しみが取り除かれたら、安楽死論争は姿を消すのではないか。

私たちは、肉体的、精神的苦しみを取り除き、打ち勝てないからこそ、それから逃れるために死を選んでしまう。その結果、安楽死を「善」にしてしまい、あるいは自殺に道を開いてしまうのである。

私は、安楽死とか尊厳死という言葉をいっしょくたに使っているが、私は安楽死反対論者でもない。ただ、安楽死ということを考えるのは結構だけれど、人間の死というものについて、それ以上に考える必要があるんじゃないかと思うのである。そうすれば、安楽死論争というものは、学者が教科書で議論するならともかく、私たちにとってあまり意味がないようになる。

よき死というものは、素晴らしく生きたということではないか。最初に申し上げたように、私は死というものをあまり考えていない人間のひとりである。その人間が、こういう話をするのは非常に緊張もするし不安に思うが、でもそれは私の考えで、私が不安ながら非常にうれしいのは、会場には多くの宗教家の方がいらっしゃるということである。

さらに、現実に死と向かい合って、医療にあたっている医師たちの目の前で、少々間違ったことを言っても許してくれるんじゃないだろうか。そういう安心感から、少し乱暴なことを申し上げてしまった。

ご清聴感謝申し上げます。

想い出

1．ラサール神父を語る

那覇第一法律事務所　永吉 盛元

ラサール神父といえば、「ぐすーよー　ちゅー　うがなびら」のご挨拶が有名である。集会で大きな声を発するこのウチナーグチ、「グスーヨー　チュー　ウガナビラ」に集まった人たちは愉快な気分になり、会場いっぱいに笑いが起きる。集会におけるすばらしい開会の挨拶である。

ラサール神父は戦後すぐの頃から沖縄に住み、キリスト教の布教につとめると共に、長い間、琉球大学で英会話を学生たちに教え、大きな教育的はたらきをされた。学生たちから非常に人気のある若きクリスチャン教授であった。

また、ラサール神父は熱心なクリスチャンであると同時に、沖縄の人びとのいろいろな集会や活動に参加し、ウチナーグチ（沖縄の方言）も実にうまい。沖縄のユタ（？）との関係も大切にされていて、私たちがユタの悪口を言うと本気になって怒ることもあった。沖縄のユタの教えに純朴で、そのことを知らない私たちを責めるようであった。

神父は沖縄において、宗教活動以外にいろいろな活動にも参加してきた。死刑制度の廃止にむけた国際的な活動について、沖縄においてその代表的な地位にいた。今もその活動を続けている。

人権協会（2012 年 12 月 5 日）

米軍支配下の沖縄において、沖縄の人々の人権侵害に対し、怒りを持って結成された沖縄人権協会にラサール神父は積極的に参加している。現在もその理事のひとりである。写真（右）は、琉球政府時代に立法院の向かい側にあったレストラン「与根」

における理事会の忘年会の場面である。
沖縄米軍基地に対するラサール神父の怒りは大きい。私（ラサール神父のこと）がアメリカに帰るときは、沖縄にあるすべての軍事基地を持ち帰るつもりだと豪語している。すべての軍事基地を否定し、この地上における平和が神父の強い願いである。米軍基地を拒否し、この地に平和を、が神父の強い意志である。沖縄における神父の活動の原点といってもよいのではないか。アメリカの大統領に対する沖縄にある米軍基地の撤去を求める「ハガキ運動」を展開したのはラサール神父であり、添付してある「ハガキ」がそれである。この運動は今後も継続していきたいものである。

Citizens United for A Peaceful Okinawa
1-16-38 Higawa,Naha City
Okinawa,Japan 900-0020

70円切手を貼ってください

President Barack Obama
The White House
1600Pennsylvania Avenue NW
Washington,DC 20500
U.S.A.

HOPE

VIA AIR MAIL

2014 ALL OKINAWA 100,000 POST CARD CAMPAIGN
2014年オール沖縄10万枚葉書キャンペーン

Dear Mr.President,
Greetings of Peace and Hope from Okinawa. For almost 70 years, our small island of Okinawa has had to bear the brunt of 75% of all the US military bases deployed in Japan.
We've done our part. It's time now for a return to our peaceful skies and seas.
Therefore we ask that the desires of the vast majority of Okinawan citizens be respected and that you move to enforce the following:
1) The immediate and unconditional removal of Futenma Air Base along with the cessation of all osprey activities.
2) The scrapping of all plans for Henoko and Takae.
(Below is a Japanese translation of this message.)

オバマ大統領殿
沖縄から平和と希望の挨拶を申し上げます。小さな沖縄の島には、在日米軍基地の75％が配置されています。
私たちは70年近くも軍事的役割を担わされてきました。今はもう沖縄に平和な海と空を返す時期です。
そこで、沖縄県民の大多数の望みを尊重して、以下の通り実現してください。
1) 普天間基地の無条件即時返還及びオスプレイの活動停止。
2) 辺野古及び高江の基地建設計画の撤廃。
オバマ大統領殿、私たちの希望はあなたの手にあります！
ありがとうございます。
Mr. President, Our Hopes are in your hands!
Thank you.

署名 Sincerely, ____________________

The Deigo
Okinawa Prefecture Flower

葉書・オバマ大統領へ

私たちは、「生と死と老いをみつめる会」というタイトルで小さな市民運動をしている。この運動のスタートの頃は大きな県民集会を主催したこともあったが、現在はその活動は小さくなり、月一回の市民参加の学習会を開催している。ラサール神父のカトリック教会が無償で提供してくれている集会所で行っているきわめて貴重な集会であり、誰でも参加できる。「生と死と老い」を語る、いわば自由な勉強会と言ってもよい。特定の宗教活動ではない。時には沖縄のユタの方に来てもらい、その沖縄の良き習慣を学ぶこともある。この集会はラサール神父が築いたもので、独特の雰囲気は、まさにラサール神父を語るようなものである。多くの市民の参加を求めたい。

（沖縄・生と死と老いをみつめる会理事）

2. ウチナーグチのウランダー坊主

なかそね和内科　仲宗根　和則

達磨大師そっくりの風貌と大きな身体から、これまた大声のファンファーレが響く。

「グスーヨー、チュー、ウガナビラ」で開会宣言。何時もの「沖縄・生と死と老いをみつめる会」の風景です。

故多和田真順氏をお見舞いする姿を勤務する病院で目にしたのがラサール神父との最初の出会いと記憶しています。もう27、８年前になります。生死の淵をさまよい、肝移植によって新しい生を得た多和田氏は、これからの人生を模索していました。氏の紹介でお会いした時の強烈な印象は今も変わりません。私はラ・サル、裸の猿です。ウランダ坊主です。という挨拶に、先ず度肝を抜かれました。しかし、その大きな声の温かいこと。父親のような優しさと腕白坊主の茶目っ気が同居するチャーミングな人柄にすぐ魅了されました。

１９９６年の安里カトリック教会で行われた「沖縄・生と死と老いをみつめる会」の設立総会で故多和田氏と共に初代理事として参加したのが神父さんとの本格的な付き合いの始まりです。当時は、発足間もないこともあり、会の運営方法や目指す方向について、ラサール・パーソンズ神父を代表者とする理事会では熱い議論が頻繁に交わされていました。宗教者だけではなく、弁護士や医療関係者、患者、普通の市民まで立場の異なる色々な理事がいましたので、いつもシャンシャンと結論が出るわけでもなく、立ち止まったり、右往左往したり、気まずい議論になることもしばしば。
そんな時、神父さんの「アキサミヨ〜」の大声と絶妙なユーモアに何度救われたことか。金子みすゞの詩の中にある「みんなちがってみんないい〜」の心で理事会をまとめ、「やさしさと思いやりの心の輪を広げる」小さな語り合いの場を会の活動の基本にしよう、というのが神父さんの今に至るも変わらない考えでした。豪放磊落の風貌に似合わず、繊細な心配りを忘れない神父さんは会の運営に関わる基本的な問題や悩みなどを私のクリニックによく相談に来られました。人の話を聞く大きな耳もお持ちでした。その当時は、ヘルメットに自転車で颯爽と風を切っていたのがつい昨日のように思い出されます。

対外的には、死の準備教育から脳死と臓器移植、尊厳死、最近では老いと介護という具合に、次々に時代の要請に応える形で、シンポジウム、記念講演を重ねてきました。縁の下で実務を黙々とこなす事務局長の石川清司先生と神父さんのコンビは、傍で見ていても微笑ましい程の強いきずなを感じさせました。定例の「語り合いの会」では、

2001年頃から興禅寺の崎山崇源老師もゲストに加わり、神父さんと老師は会の二枚看板として、生と死と老いのテーマを宗教的、哲学的な面から語られ、時には軽妙な掛け合いで和ませ、笑いあり、涙あり、引き締め役の永吉盛元理事（弁護士）のユーモア溢れるコメント等でまとめ、「みつめる会」は活況を呈していました。

時は移り、語り合いの会も諸事情から安里カトリック教会から小禄教会を経て、現在のカトリック文化センターへと変わりました。その間、決して順風満帆ではなく、休会を余儀なくされた不幸な冬の時期もありました。重要な問題提起や経済的困窮の大小の諸問題が次々と降りかかりました。それを神父さんの豪快で温かいリーダーシップで乗り越え、現在に至っています。

神父さんも自転車から降りられ、やがて杖に変わり、自身の老いの相談が加わりましたが、相変わらず気さくにクリニックを訪問されます。尊敬する神父さんとともに悩み、喜んで過ごせた時間に感謝します。これからもチャーガンジュウでわれわれ悩める者をお導きください。

85歳、ハレルヤ。

（沖縄・生と死と老いをみつめる会理事）

3．平和の種まき人としての58年～ラサール神父の人柄と業績～

松本 淳

集会などで開口一番「ハイサイ グスーヨー チュー ウガナビラ」とその場の空気を圧するかのように威勢よく飛び出すこのフレーズ。言わずと知れた今やラサール神父さん（以後、神父さん）の専売特許となった感がしないでもない。島くとぅばを大切にしましょう、という県条例までできて、近年では県知事をはじめ多くの会合などでもよく聞かれるようになった。ウチナーンチュより先に、事もあろうに自称ウランダー坊主の神父さんが使い始めたのだから面白い。今日の島くとぅば普及活動の元祖的な先駆者と言ってもよいかもしれない。神父さんのウチナーグチ挨拶は、会場を笑いに包み、和やかな雰囲気にしてくれるから不思議だ。単に緊張感を和らげるための奇策や技法では決してなく、沖縄に根を下ろし、広げていこうとする強い土着志向の姿勢の表れだと私は思っている。

神父さんのウチナーグチはまだある。「ヨーンナー　ヨーンナー　シワサンケー」（ゆっくりでいいよ、心配しなさんな）もそうだし、またお年寄りと接するときの、「はい」という返事の変わりに発する「ウー」「ウー」という敬語もそうである。ここまでくると、「ウランダ坊主」もニクラシイばかりではないか。お年寄りから受ける道理である。

記憶力もすごい。先だって、久しぶりに神父さんと懇談していると、ある老婆（94歳とか）が近寄ってきた。すると即座に「ハイサイ　○○さん」とフルネームで呼ぶのである。びっくりした老婆は、40年ほども会っていないのに、名前をよく覚えていてくださったと、いたく感激して恐縮しておられた。そういうケースは他にも多くの人が経験しているのではないだろうか。

神父さんのウチナーグチをもう一つ紹介しよう。「アキサミヨー」である。困惑したときや唖然としたときなどにタイムイリーに出てくるので、その場に居合わせた人の哄笑と共感を誘うから楽しい。さしずめ英語の「オー　マイ　ガッド」に相当するのであろう。

事のついでに取って置きのエピソードを一つ。これは神父さんの品位に関わることになるかもしれないので、（はばかりながらではあるが）今は昔の日本語習得時代の話なので、ご容赦いただきたい。

それは私の学生時代に遡る。琉球大学が今の首里城地先にあったころ、首里教会附属の形でコレジオ学生寮というのがあった。私はこの寮に入って学生生活を送るとともに、カトリック研究会にも所属していたので、指導司祭でもあった神父さんに何かとご指導を仰ぐ立場にあった。いきおい神父さんとの接触面が多々出てくるわけで、時々、何かの折に、誰に言っているのか知らないが、「バカヤロー」と叫ぶような甲高い声を耳にしたことが度々あった。日本語の「バカヤロー」は、吉田茂元首相のいわゆる「バカヤロー解散」（１９５３年）を持ち出すまでもなく、禁句なのである。だから、不穏当な言葉を何度か耳にしたとき、私は（いくらなんでも神父さんともあろう方が、こんな野蛮な言葉を使うのは聖職者の品位に関わると思い）「神父さん、この言葉は大変悪いことばですよ」とあえて諫言を呈することにしたのであった。すると神父さんは「ああ、そうでしたか。わかりました」と素直にあっさり聞き容れられた。勇気を奮って忠告しただけに、逆にこっちのほうが驚いた。おそらくこの言葉の意味やニュアンスがよくお分かりにならなかったのであろう。それにしても聖職者に向かって恐れ多くも諫言とは、後にも先にも私一人ではないだろうか。

とにもかくにも、ラサール神父さんという方は、エピソードに事欠かない御仁である。次も実話である。学生との交流での場での出来事。学生同士の交流会のとき、神父さんもよく同席することがあった。若者の気持ちもくみ取り、絆を深めようというお考えだろう。飲むほどに我も我もと歌いだす。つられてか神父さんも歌った。それが何と、一同をびっくりさせるムード歌謡だったのである。あのころ流行していた城卓矢の「骨まで愛して」とか、フランク永井の「俺は淋しいんだ」がそれだ。みんな度肝を抜かれた。日本語で歌っておられたが、珍しく外国人特有のクセもなく、全く違和感はなかった。後日、教会の合同パーティなどでルイス神父さんとデュエットで歌っておられるのを聞いたことがあるが、ハーモニーも整っていて、なかなかの歌唱力だと思ったものだ。

さて、ここまで神父さんにまつわる裏話（あるいは秘話）を公にしてしまったが、当の本人は覚えておられるだろうか。むろん特筆すべき功績もたくさんお持ちなので、それもこの際、紹介しておかねばなるまい。ただし、紙幅の都合上、簡略に留める。

神父さんは、沖縄の米軍基地が人権と平和を脅かしている現実と正面から向き合う中から、次のような分野で果敢に主張し、積極的かつ指導的な役割を担ってこられた。①県民大会などへの率先参加　②慰霊の日の平和巡礼　③終戦記念日の沖縄宗教者祈りの集い　④沖縄憲法普及協議会の活動　⑤沖縄人権協会の活動　⑥オバマ大統領へハガキを送る運動　⑦国際アムネスティ活動などがある。

このような神父さんは、「平和の種まき人」と称してよいのではないだろうか。来島以来60年近くの長きにわたって平和を追い求める宣教活動を地道に続けてこられた。このところ足腰が大分弱くなったとはいえ、いまなお現役である。神父さんの思想と行動を一言で評するなら「平和をもたらす人は幸いである」（マタイ5章9節）という聖書の実践者と言えるのではないだろうか。

ひたむきに高邁な理想を追い求める宣教師ラサール。高い所のお方かと思うと低い所にも皆と共にいてくださる人間ラサール。歯に衣を着せぬ率直な発言や力強い語調の故か、敬遠される向きもあるようだが、私は人間味あふれるラサール神父が好きで、敬愛してやまない。神父さんの側にいるとホッとする。大樹の陰にいるような安らぎを覚える。

「年を重ねただけでは人は老いない。理想や情熱を失うときに精神はしぼみ、老いがくる」と『青春』の作者サムエル・ウルマンは言う。まさに神父さんは、いつも青春のだだ中にいて、心の若さを体現している方と言えるのではないだろうか。

私は22歳のとき神父さんに洗礼を授けていただいたが、来るべき私の葬儀のときにもぜひ司式をとお願いしてある。だからというわけではないが、どうかご長寿でいてください。お祈りしています。

4．あの遠き日々に思いを寄せて

伊志嶺　節子

初めて神父さまにお会いしたのは18歳の頃だった。あれから半世紀余りが経ち、なつかしくも様々な思いが去来する。

大学に通う為には宮古島から出てきた私は右も左も分からず、とりあえずカトリック研究会（カト研）に入った。そこでの指導者が若くて色白のラサール神父さま。その大きな瞳はまるで相手の心を読み取るようで、少々怖い気がした私はほとんどしゃべらなかった。しかし、思いとは別に神父さまの積極的指導のもとで、カト研のメンバーは黙想会や勉強会、記念誌の発行、そして夏休みになると久高島でキャンプをはり、小学生に勉強などを教えたりして精力的に活動した。その上、記念のごミサがあるとあちこちのミサに参加させてもらい、信仰のなんたるかが分からない私にも少なからず刺激的で、神父さまや仲間と過ごした青春の日々はとまどいながらも楽しく有意義であった。

　そんなある日、普天間教会のミサの帰り、どなたの運転であったのか忘れてしまったが、何故か神父さまと同席することとなった。その時、神父さまはよほどお腹がすいていたのかチキンとピクルスをとりだし美味しそうに食べだしたではないか。チキンもピクルスも食べた事のない私はびっくり仰天。食文化の違いと思いながらも、アメリカという国はこんな贅沢（？）な食事をするのだと無口の私は心の中でつぶやいた。

　それからしばらくして日本語を習いたいということで、何故か私に声がかかり、何と谷崎潤一郎の「細雪」を読むことになった。なんでこんな難しい本をと思いつつも、神父さまはやはり四季の風物や伝統的な文化などが織り込まれているこの小説で日本文化や歴史を知りたいのだとその意欲には驚いた。しかし、それもつかの間、案の定、意欲的でよく話す神父さまと消極的で無口な私ではなかなか進まず途中で終わってしまったと記憶している。ともあれ神父さまの行動、言動は奇想天外でユニークだったので、その個性に圧倒されっぱなしだった。

その後卒業し、30代の頃ふたたび神父さまと相まみえることとなった。というのも失業中の私に、偶然にもカプチン会の事務所で働くチャンスが与えられた為だった。神父さまは相も変わらず活動的で、人権団体アムネスティーインターナショナルや正義と平和委員会を立ち上げ人権問題に取り組んでいたので、私もその活動に参加させていただく機会にめぐまれた。時代や世界に敏感で、内にも外にも開かれた神父さまの姿勢は魅力的で人権感覚に乏しい私は多大な影響を受けた。

今、私の中には長い長い年月お世話になりっぱなしで、何一つ恩返しもできないことが澱のように残っている。せめて、神父さまがいつも歌っていた「骨まで愛して」を心にとめ、信仰の道を見失わないようにしたいものだと願うのだが……。

強烈なタイトルのこの歌を最初に聴いた時は、どぎもをぬかれ乙女心はびっくりの連続。しかし何度か聞かされるうちに、ずっと後になってこの歌の意味が分かってきたような気がした。神父さまは、20代の若さで見知らぬ小さな島に宣教とはいえ大きな決意と希望を抱き来沖したに違いない。この歌は神父さまの信仰の思いではないだろうかとひとりよがりの解釈をしている。あの頃気がつかなかったが、フレーズはやはり意味深い。（ちなみにこの歌は、１９６６年に起きた全日空機墜落事故で変わり果てた遺体と対面した人々の愛の深さに衝撃を受けて出来た歌とのこと）。

生きてるかぎりはどこまでも　　何もいらない欲しくない
探し続ける恋いねぐら　　あなたがあればしあわせよ
傷つきよごれたわたしでも　　わたしの願いはただひとつ
骨まで骨まで　　骨まで……
骨まで愛してほしいのよ

全人格を愛して欲しいという神様への信頼と、出会う人たちの全人格を愛したいという「ラブコール」のような気がする。崇高な使命をもち、半世紀以上も深く広い信仰と強靭な勇気を抱き、この小さな島で宣教を続けていらっしゃる神父さまに尊敬と畏敬の念、そして感謝の思いをこの拙い文章で伝えたい。

歳を重ね、ますます自然体で輝く神父さまは、今日も張りのあるあの大きな声で神様に向かい「骨まで愛して」を歌っているに違いないと思いつつ……。

宣教の　使命に燃えて　生き続く　「骨まで愛して」と　神父の笑顔

信仰教育～結婚式を通じて～

名富　雪乃

「私たちは夫婦として、順境においても、逆境においても、病気のときも、健康のときも、生涯たがいに、愛と忠実をつくすことを誓います」。

これは、結婚式の中で、新郎新婦が行う結婚の誓約、「誓いのことば」である。右手をつなぎあい、その手に司祭のストラが巻かれた状態でふたりが誓いを立てると、それまで緊張していた新郎新婦の表情が笑顔に変わり、そこに新しい「夫婦」が誕生する。何度、立ち会ってもこの場面は、心から ホッとすると同時に、幸せになれる瞬間でもある。私は、現在、結婚式にコーディネーターとして携わっています。

結婚式を挙げたいという問い合わせに始まり、結婚講座や式の打ち合わせ、リハーサル、オルガニストや聖歌隊などのスタッフの手配、そして本番当日まで、何か月も前から新郎新婦と一緒に、二人が思い描く結婚式の準備をしていくのがコーディネーターの仕事である。小禄教会が献堂されて3年の間に、約30組の結婚式に立ち会ってきた。カトリックの洗礼を受けている人がやはり多いが、その配偶者となる人のほとんどは、教会そのものが初めての場合が多く、時には新郎新婦ともに初めて教会に来たという場合もある。

「娘が結婚するのです。ここで式を挙げてもらえませんか」そう言ってやってきたのは、一組の母娘だった。母娘ともにカトリックの洗礼は受けていないが、母親は幼少の頃、近所にあった教会へよく遊びに行ったそうです。今回、娘の結婚が決まった時すぐに「教会での結婚式」が頭に浮かんだという。
母親は幼少時代の記憶をたどってカトリック教会と、当時その教会にいた「ラサール神父」を思い出し、それからあちこちに問い合わせてようやく教会へとやってきた。出会ったそのとき、幼少時代の教会での思い出を話す母親とは対照的に、娘は、初めて訪れた教会の雰囲気に緊張し、うつむいてばかりいたのが、結婚講座が始まると回を重ねる毎に彼女の表情はどんどん明るくなり、数か月後には婚約者と共に、最高の笑顔で誓いを立て「夫婦」となった。

すべての儀式が滞りなく終了した時、彼女は私に言った。「教会で結婚式を挙げて本当に良かった。どこでもいいかなって思っていたけれど、ここには他にはない何かがある感じがするんです。あったかい何かが……」。彼女に限らず、教会で結婚式を挙げた人や参列者から、私は同じような感想をよく聞く。温かくて、穏やかで、安心できる「何か」。それは他ならぬ「神様」だと私は感じている。

リゾートウェディングに力を入れる沖縄では、県内各地のホテルに挙式用のチャペルが併設されており、そこでは挙式から披露宴までホテル内でできる便利なプランがほとんどだ。私も神父様方やスタッフと一緒に、ホテルのチャペルの結婚式に立ち会うこともあるので、あちこちのチャペルを見て回ったが、どこもそれぞれ特色があって素敵なチャペルが多い。そんな便利な選択肢もある中で、結婚する二人があえて本物の教会を選んでやってくる時、私はそこに神のお導きを感じすにはいられない。実際、結婚式を挙げたことがきっかけで、教会に顔を出すようになったり、ミサにあずかるようになったりする人も少なくないようだ。あのときに感じた「何か」に導かれるままに。

「あなたがたに最高の道を教えます。愛は忍耐強い。愛は情け深い。ねたまない。愛は自慢せず、高ぶらない。礼を失せず、自分の利益を求めず、いらだたず、恨みを抱かない。不義を喜ばず、真実を喜ぶ。すべてを忍び、すべてを信じ、すべてを望み、すべてに耐える。愛は決して滅びない」（コリント13・1～7）。新郎新婦がこの聖書の箇所を朗読することで、私たちは神の声を聞き、新郎新婦が「誓いのことば」を誓約することで、私たちは「夫婦」の神秘を目の当たりにする。

結婚式こそ、福音宣教の最高の場なのかもしれない。
（2006年6月1日、「南の光明」より）

6．エピソード6題

島袋 永三

（その1）思い出の説教

今から40年前の1976年8月の事であった。私は44歳、ラサール神父も同年代。妻が召天して首里教会で告別式が行われた。

ラサール神父が司祭として説教された。話の内容は覚えていないが、若くして召天した妻への慰めの言葉、残された家族への励ましの言葉、神の摂理を諄々と説かれたと思う。

翌々日に出勤した。先輩のAさんが、カトリック教会のミサの印象を語ってくれた。

「初めてミサに参加したが、すばらしい葬式でした。ラサール神父の説教に感動しました。自分も葬式はカトリック教会でやりたいね」と笑った。何が彼を感動させたのか。説教を文章にして読んでも、同様の感動は起こるだろうか。

古来、宗教上の真理は人から人へ伝えられるといわれる。容姿、声、表情、手振り等の動作が一体となって聴く者に感銘を与えると思う。ラサール神父の説教がそうだったと思う。

（その2）堂々たる信仰宣言

島袋　永三

２００４年頃、宗教に関する文化講演会が那覇市のパレット市民劇場でありました。主催したのは稲葉耶季先生（那覇地裁判事・琉球大学法文学部教授。１９９９年４月退官）でした。講師として招聘されたのはラサール神父と崎山崇源老師（老師とは、学徳のある僧を敬っていう語。首里の興禅寺で時々説法される）。定刻には満席に近い盛況でした。ご両人のお話の内容はよく覚えていません。

老師は、座禅の効用を説かれたと思います。ラサール神父のお話は、「グスーヨー・チュウ・ウガナビラ」の挨拶で始まり、大きな声で、時々ユーモラスな言葉を使って聖書のお話をされました。お二人の講話が終わって、質疑応答となりました。ご両人へ、それぞれに質問がありました。「極楽・地獄はあるのか」とか、「天国は何処にありますか」とか、「イエスキリストは本当に神の子ですか」と言った類の質問がありました。

これに対して、ラサール神父は、堂々と信仰宣言をされました。場内は、一瞬水を打ったように静かになりました。私は、ラサール神父のオーロラに包まれて、足取りも軽く帰途につきました。

（その3）感謝をこめて　仲里 幸子

今から30年前の昭和61年（1986年）3月23日、ラサール神父様は、新築した私の住居を祝別してくださいました。今日まで何事もなく、平和な明るい生活を過ごすことができたことを心から感謝いたします。

1971年に天国に旅立った父（ルカ）は、1963年12月25日に首里教会で洗礼を受けました。当時、首里教会は住所により班を編成し、月に一度は隣組で集まり、祈りと神父様の話や参加者のニュースや日常生活の話などがあり、楽しい集まりがもたれていました。父は、神父様に普段読んでいるカトリック新聞や月刊誌などで理解を深めるために質問を書き、毎月の集いを楽しみにしていました。当時の班活動と、若いころの神父様を思い出します。

沖縄カトリック看護協会の設立当時の会員名簿を手にすると、当時が懐かしく思い出されます。神父様は指導司祭として、毎月の集まりでカトリック看護婦の活発な意見や質問に対して、信徒としての活動を指導して下さいました。看護学生も参加し、神父様のお話や先輩看護婦の指導を受け、信徒としての看護に対して学びを深めました。

現在、毎月カトリック文化センターを会場として「沖縄・生と死と老いをみつめる会」が開催されています。指導者としてのラサール神父様に感謝いたします。神の豊かなお恵みを祈りつつ。

（沖縄・生と死と老いをみつめる会理事）

（その4）祈りの導きに感謝を込めて

山口　加代子

２度目のローマ巡礼中に、友人から「ローマの巡礼も大切に思う。ところでイエス様とともに、沖縄の平和の巡礼のために歩いたことがありますか？」と質問され、ふと毎年平和巡礼をされているラサール神父様のお顔が脳裏に浮かび、海外で大切なことに気づかされました。

帰宅後、6月23日の慰霊の日にミサで祈り、小禄教会からラサール神父様の笑顔に励まされて歩き、沖縄戦で犠牲になった35000人の遺骨が納められている魂魄の塔で、青い空を見上げながら平和を噛みしめ、参加者と共に祈りを捧げた思い出があります。

その数年後、カトリック文化センターでベールを買い求め、どなたか神父様に祝福してもらいたいと思っているところに、偶然来店されたラサール神父様に祈ってもらったことがあります。

ラサール神父様には、教会や教区の行事でお目にかかる時、何気ない会話の中に励ましの言葉をかけて頂き、霊的、多方面から物事を考えてみようとの促しを感じることがあり、心が豊かになります。

慈しみ深いラサール神父様はいらっしゃるかしらと思いつつ、カトリック文化センターを訪ねる今日この頃です。

（その５）南島の霊魂を求めて

濱元 朝雄

ラサール神父さんとの出会いは、１９６１年、守礼の家（後のコレジオ寮に改名）での寮生活の中であった。当時、若いラサール神父さんはよく首里城界隈を散策しておりました。敗戦後16年の沖縄の地に立って、神父さんは何を思い描いていたのだろうか、推測する以外はないのだろうと思った。あの頃の神父さんの姿をみていると（私の想像ですが）、16世紀に日本へ渡ってきたサンシスコ・ザビエル（１５０６～１５５２年）を思い浮べていた。ザビエルは、日本に初めてキリスト教の福音を伝えて「東洋の使徒」とよばれた。ザビエルはイグナチウス・デ・ロヨラと共にイエズス会を結成し、インドのゴアを拠点にし日本へ渡ってきたのである。

ザビエルが、日本へ求めたのは何か。それは、民人への魂の救済・福音を伝えると共に、人々の生活をより豊かにするためのものだったのだろう。

ラサール神父さんの姿は、かつてのザビエルに二重写しになっていることに、最近気がつきました。それらのことは南島の人々の霊魂の救済であり、そのことによって人間のより良い生活風土を築き、精神を豊かにしていく意思につながっていくものであるということです。

ラサール神父さんは、沖縄の祖霊神、ムラの祭祀の場所であるグスク・ウガンの場を大切にする心が島々の人々の「ウムイ・霊魂」だという。その「ウムイ」の心をどんどん拡げていけば人間の平安の輪につながっていくであろうと語っている。

また、ラサール神父さんは他の宗教の方々と心を交わし、宗派を超えて自ら交流を進んで行っている。それは、ラサール神父さんの普遍的に心底人間を愛してやまない行為の証左であると思います。ラサール神父さん、いつまでもお元気でいらしゃって人々の至福を祈願して下さるようお願いします。

（その6）結婚式余話

石川 清司

洗礼、堅信、祝別、地鎮祭、結納、結婚式、病癒、告別式、七七己、等々と沖縄の風習を含めて、あらゆる司式をラサール神父さんに頼んできた。神父さんは、すべてを快く引き受けてくださった。自分自身を含めて、結婚式の司式も6組お願いした。取り立てて大きな波風もなく、それなりの円満な家庭が築かれているのも、神父さんの祝福の賜物と感謝している。

我が家の次男坊の結婚式の一場面であった。結婚式もクライマックス、指輪の交換の場面である。指輪の祝福の場面で、神父さんは新郎の指輪を落としてしまった。コロコロと転がった指輪を見つけるのに多少時間を費やした。なんとか指輪は見つかり、結婚式は無事に進行した。

結婚式から約10年、次男坊いわく。大切な結婚指輪をどこへしまったのか分からないとのこと。見当たらない。やはり、あの指輪は、何処かへ転がっていく運命にあったのだろうと、思い出しては笑っている。

いつの日か、神父さんとの雑談で、その指輪の想い出を話したところ、神父さんいわく。指輪はさほど問題ではない、納骨式の際に骨壺を落として割ってしまったことがあるとのことであった。急いで、散乱した骨を拾い集めて事なきを得たとのことであった。

意外と魂も窮屈な骨壺から飛び出して、直接、天国へと飛び立ったのかもしれない。すべからく、思い出しては笑ってしまう出来事も、ラサール神父さんの秘めた魅力に吸収されてしまう。まだまだ、多くのエピソードが積み上げられていくことを期待したい。

編集後記

ラサール神父との出会いは、私が高校生の頃でしたので約50年も遡ることができる。情熱あふれる青年宣教師ラサール神父とさわやかで穏やかな笑顔のルイス神父が対照的に思い出される。

自叙伝をまとめるお手伝いを思いついたのは、地球の果て、未知の地で宣教師として生きる人間の背中を押す「力」は何か、そして沖縄の地に根をおろす、その土壌は何かを探ることにあった。

自分なりに資料を整理しつつ、その「何か」に迫ってみた。人の縁、出会いとは「不思議」なものである。「日本、日本人とラムネ」。不思議な味の「ラムネ」は、日本に対する強烈な好奇心を駆り立てた。

そして、1958年9月16日の午前2時、来沖初日の沖縄の空気がニューヨークの生家の地下室の臭いと同じであったことは、何らの抵抗なく地に足をつけることができた第一条件であったものと思われる。

その第一の条件を受け入れるには歴史的な背景があった。ご本人が指摘するように、イングランドの血がながれ、その血は開拓者の魂、改革の精神を含んでいた。

禅宗の崎山老師とカトリックのラサール神父の意気投合する、その一点については、当初、「型」から入り、「型」を脱する「宗教心」の側面に求めた。そうではなかった。その解答は、老師の文章の中にあった。「貧乏であることは、宗教家には最もふさわしい姿である。修行そのものが、捨てることにあるのかもしれない。地位も、名誉も」と記されていた。

宗教改革の中で、原点に立ち返り、清貧であることを求めたフランシスコ・カプチン会の姿勢とぴったり一致する。

「……自分の持ち物を一切捨てないならば、あなたがたのだれ一人として私の弟子ではありえない。」（ルカ14・33）。

そこに老師と神父の足並みのそろった歩調を見つけた。
老師の語る「祈りと瞑想」、神父の求める「神秘」。両者の求める方向性もまた同一なのかも知れない。仏教、ことに禅宗においては「不思議」という用語で表現され、ラサール神父が用いる「神秘」もまた同様のことを意味するのではないかと考えた。また、仏教用語の「懺悔」、神父の語る「悔い改める」という用語、さらには神父の論文に用いられた「遊び」という表現も、禅宗においても用いられており、限りなく「宗教心」の根幹の部分において意気投合し、兄弟の杯を交わす必然性が存在したものと推測した。

さらに神父は、沖縄の土着の御嶽（うたき）の信仰にカトリックの信仰の「礎」を見いだしている。

主はこういわれる。
見よ、わたしは彼女（エルサレム）に向けよう

平和（神の恵みに満たされた状態）を大河のように、
国々の栄を洪水の流れのように。
あなたたちは乳房に養われ
抱いて運ばれ、膝の上であやされる。
母がその子を慰めるように
わたしはあなたたちを慰める。
（イザヤ66・10）

「膝の上であやされる。母がその子を慰めるように」。この信仰は、まさしく沖縄の「御嶽（うたき）」の信仰と一致する。
イングランドの血、不思議な飲み物「ラムネ」、沖縄の空気、そして土着の「御嶽（うたき）」の信仰は、ラサール神父がウチナーンチュ（沖縄県人）になりきった、「縁」そのものであったのではないかとまとめたい。

2016年12月　石川清司

むすびに

私が沖縄に来て半世紀以上も過ぎました。振り返ってみると、私は沖縄に「学ばせていただいた」と感じますし、「住まわせていただいている」という気持ちで過ごしてきたように思います。なぜそう感じるかというと、素晴らしい方々との出会いがあったからです。

沖縄から学んだことは、まず「非暴力」です。沖縄には伊江島という小さな島があります。その島には自分の島を基地にしないために活動なさった（故）阿波根昌鴻（あはごんしょうこう）さんという方がいらっしゃいました。阿波根さんは米軍に対して、軽蔑したり非難したりという反対運動ではなくて、「あなたがたは何か食べたいのなら、いくらでもあげますよ、ただ基地としては、あなたたちの広いアメリカを使ったらどうでしょうか」という非暴力的なアプローチをなさいました。私はこの方は、まさに沖縄のガンジーと呼べる方だと思います。

また私は沖縄で「ゆるしあう心」も学びました。沖縄には平和祈念堂があります。そこには大きな像があります。その制作者の（故）山田真山さんは、「これは観音様ではなく慰霊像です」とおっしゃっていました。「国を越え宗派を超え、戦争で亡くなったすべての人々への癒しと、これから戦争をしないという強い叫びを込めてあるのだ」と。この精神は、お互いに許しあう心がなければ平和を作ることができないという聖書の言葉「父よ、彼らをゆるしてください」（ルカ23・24）にも通ずるものと思います。

またある日、私は崎山崇源老師という友人のお寺（興禅寺）に伺いました。そこで、カタツムリとスズメが向き合っている絵に出会いました。お寺に掲げられているくらいだから、これは老師の心を表す絵だろうと感じましたが、意味は「自分で感じ取ってください」と言われました。私はこの絵を見て、かつて大学院でアジア学を専攻していたころの恩師で、現在は環境神学者として世界的に活躍しておられる、トマス・ベリー神父（Thomas Berry）の本「The Great Work　ザ・グレートワーク」を思い出しました。その著書の中には、環境問題を考える上で適切な聖書の箇所はと問われたときに、「地球の声を聞きなさい」「地球と対話すれば、自然が教えてくれる」と答えたとあります。なるほど、私たち人間は、聖書ももちろん大切ですが、自然、つまりカタツムリとスズメの声にも耳を傾けることが大切なことなんだなと気づいたのです。

私はこの50数年間でこのような方々と出会い、沖縄から相手を非難したり、暴力的になったりしなくても、ゆるし合うことで平和をつくることができることを学びました。それから、小さな自然の声に耳を傾けることで環境を考える姿勢も学びました。

おしまいに、沖縄の古くからの「神」の概念について琉球大学名誉教授（故）の仲松弥秀先生がおっしゃっていることを紹介したいと思います。「幼児が親の膝の上に座っている状態と同じく、村落民がウタキの神に抱かれ、膝に座って腰を当て、何等の不安を感ぜずに安心しきってよりかかって状態……」（神と村より）、この信仰心はイザヤ書の第66章12〜13節の「おまえたちはその乳をのみ、腕に抱かれ、膝の上であやされる。母がその子を慰めるように、わたしはおまえたちを慰める」と相通ずるところがあると思います。

つまり、私は50数年前、キリストを「教え」にここへ来たつもりだったのですが、実はキリスト様はすでにいらっしゃっていました。そのことに気づかされたということが、この半世紀を振り返った私の今の気持ちです。

父と子と聖霊のみ名によって、「むすび」の言葉を加えさせていただきます。

まず、この作品を作り始めようと工夫なさった石川清司先生、またその他、協力して下さった皆様！

「イッペー　ニヘー　デービル！！！」

この作品をうやうやしく頂き、残りの人生を神様の恵みによって、皆様のために役に立つものとなりますよう祈りたいと思います。

最後に、福音以外に、私が毎日どんな理念で過ごしているのかを以下に加えさせて頂きます。

①熱心なキリスト信者の詩人である八木重吉氏の詩を紹介します。

一歩踏み出すのさえ　容易なことではない
ちがった一言を言うのさえ　この社会ではむずかしいのだ
でも私はゆこう

八木重吉著（新教社）

②学問について：パウロ・フレイル　Paulo Freire　ブラジルの教育学者（1921年9月21日～1997年5月2日）：著作：「被抑圧者の教育学」（日本語新訳版、亜紀書房、1979年）

フレイルが提唱した教育では、対話性が強調されます。学生は先生が話す内容を、単にスポンジのように吸収するのではなく、その内容を批判的に検討し、自らの不完全性に加え、学生の自由を制限している要素を認識し、その克服に向けた方策を教師と学生が一緒に考えるわけです。

２０１６年12月　ラサール・パーソンズ

ぐすーよー 「ラサール」でーびる
～こよなく沖縄を愛する宣教師の物語～

2017（平成29）年4月27日 第1刷発行
著 者 ラサール・パーソンズ
編 者 石川清司
発行所 沖縄・生と死と老いをみつめる会
製作・発売 沖縄タイムス社出版部
TEL098-860-3591 FAX098-860-3830
印 刷 文進印刷株式会社

ISBN978-4-87127-671-9 C0095 Printed in Japan